500 DELICIOSAS RECETAS PARA DIABÉTICOS

Más de 500 deliciosas recetas

ALEX BOIRA

**DESEO QUE DISFRUTES MUCHÍSIMO
TODOS ESTOS PLATOS TAL COMO LOS
HE CREADO.**

Las medidas están tanto en onzas como en
gramos

BUEN PROVECHO,

NO OLVIDES DEJARME UNA RESEÑA QUE
ME AYUDARÁ A SABER SI TE HA
GUSTADO, MUCHAS GRACIAS!!!

Haga clic en un título para ir directamente a la receta.

DIABÉTICOS DÍA DE LOS BOMBEROS

2 huevos
1 y 1/2 cucharadita edulcorante liquido
1 y 1/2 cucharadita Levadura en polvo
1/3 cucharada dátiles, picados
1/4 taza harina
1/2 taza nueces
1 y 1/2 taza migas de pan

Batir los huevos, el edulcorante y el polvo de hornear.
Agregue los dátiles, la harina y las nueces. Agregue el
pan rallado y revuelva. Enfríe, luego mida por
cucharadita en una bandeja para hornear engrasada.
Hornee a 375 grados durante 12 minutos.

SALSA DE ARÁNDANOS SIN AZÚCAR

2 cucharadas de arándanos
2 manzanas
1 cucharada zumo de naranja

Triturar los arándanos y las manzanas con una
manzana dulce. (También puede usar licuadora).
Agregue jugo de naranja, nueces picadas y
edulcorante al gusto. Refrigere varias horas antes de
usar.

PODRÍA SER UNA BARRA DE SNICKERS

12 onzas / 340 gr. (340 gr) helado de dieta blanda
1 cucharada postre fresco de dieta
1/4 taza mantequilla de cacahuete en tronzas
1 paquete pudin de caramelo sin azúcar (seco)
3 onzas / 85 gramos .(85gr) Cereal de uva y nueces

Mezcle los primeros 4 ingredientes en la batidora,
luego agregue el cereal. Vierta en un molde cuadrado
de 8 pulgadas. Cubra y congele. Rinde 4 porciones.

POLLO AL HORNO PARA UNO

1 (3 onzas/ 85 gramos) De pechuga de pollo,
deshuesada y sin piel
2 cucharadas. (cualquier marca) aderezo italiano
dietético embotellado

Deje marinar el pollo en el aderezo durante la noche
en una cazuela tapada. Hornee durante una hora a
350 grados. No se necesitan condimentos adicionales.
Quedará muy tierno y jugoso.

GALLETAS DE CHOCOLATE CHIP

1/4 taza margarina
1 cucharada. fructosa granulada
1 huevo
1 cucharadita extracto de vainilla
3/4 taza harina
1/4 cucharadita sal
1/2 taza mini chips de chocolate semidulce

Batir la margarina y la fructosa, batir el huevo, el agua y la vainilla. Combine la harina, el bicarbonato de sodio y la sal en un tamiz. Tamice los ingredientes secos en la mezcla cremosa, revolviendo para que se mezclen bien. Incorpora las chispas de chocolate. Deje caer una cucharadita en una bandeja para hornear ligeramente engrasada con una separación de aproximadamente 2 pulgadas. Hornee a 375 grados durante 8 a 10 minutos. Rinde 30 galletas.

ARROZ NARANJA

1 cucharada ARROZ, crudo
1 cucharada agua
1 cucharada zumo de naranja
1 cucharadita margarina baja en calorías
Pizca de sal
1 cucharada. cáscara de naranja, recién rallada
1/2 taza secciones de naranja fresca, sin semillas

En una cacerola de 2 cuartos de galón a punto para microondas, combine el ARROZ, el agua, el jugo de naranja, la margarina y la sal. Cubra, cocine en el microondas a temperatura alta durante 5 minutos. Incorpora la cáscara de naranja. Gire el bol 1/4 de vuelta. Cocine en el microondas a temperatura alta durante 10 minutos adicionales, volteando el tazón después de 5 minutos. No destape el bol. Deje reposar cubierto durante 10 minutos más o hasta que se hayan absorbido todos los líquidos. Inmediatamente antes de servir, esponje con un tenedor, agregue las rodajas de naranja y mezcle suavemente. Sirva con orgullo. Rinde alrededor de 6 porciones (100 calorías).

PIE DE FONDO NEGRO

 --CORTEZA DE GALLETAS DE GRAHAM: -

1 1/4 taza migas de galletas Graham
1/2 taza margarina dietética

--RELLENO--

1 sobre de gelatina sin sabor
3/4 taza queso ricotta semidescremado
12 paquetes de edulcorante
1 paquete de mezcla de cobertura batida baja en calorías
1 y 1/2 taza leche desnatada

1 cucharada extracto de vainilla
1/4 taza cacao

Combine las migas con margarina dietética cortando con margarina blanda hasta que la mezcla se asemeje a migas gruesas. Presione firmemente en el fondo y los lados de un molde para pastel de 8 o 9 pulgadas. Hornee en horno precalentado a 350 grados durante 8 a 10 minutos. Frio. En una cacerola pequeña, espolvorea la gelatina sobre 1/2 taza de leche descremada. Deje reposar un minuto.

Caliente, revolviendo constantemente hasta que la gelatina se disuelva. En una licuadora o procesador de alimentos, licue el requesón hasta que quede suave y agregue la mezcla de gelatina, 1 taza restante de leche y vainilla. Continúe mezclando hasta que esté completamente suave. Retire la mitad de la mezcla, reserve. Para mezclar aún en la licuadora, agregue 6 paquetes de sustituto de azúcar y cacao. Licue bien. Vierta la mezcla de la licuadora en la base, enfríe durante 30 minutos o hasta que cuaje parcialmente. Al mismo tiempo, enfríe la mezcla restante durante 30 minutos.

Prepare la mezcla de cobertura batida de acuerdo con las instrucciones del paquete agregando gradualmente los 6 paquetes restantes de sustituto de azúcar. Batir en la mezcla fría reservada hasta que se mezcle suavemente. Vierta sobre la capa de chocolate; enfríe hasta que cuaje. Adorne con una capa de cacao. Rinde una tarta (de 8 o 9 pulgadas) u 8 porciones.

PECHUGA DE POLLO CON RELLENO DE ZANAHORIA Y CALABACINES

2 pechugas de pollo pequeñas (enteras) sin piel y deshuesadas
1 cucharada zanahorias, ralladas (aproximadamente 2 cm)
1 cucharada calabacín, rallado (aproximadamente 1 medianas)
1 cucharadita sal
1/4 cucharadita Condimento para aves
1 sobre de caldo con sabor a pollo
1/4 taza agua

En un tazón mediano, combine las zanahorias, el calabacín, la sal y el condimento para aves. Vierta aproximadamente 1/2 taza de la mezcla en cada bolsillo (cada pecho debe abrirse como una mariposa); asegúrelo con palillos de dientes. Coloque el pollo en una sartén de tamaño mediano, espolvoree con caldo.

Agregue agua a la sartén y cocine a fuego medio alto, caliente hasta que hierva. Reduzca el fuego a bajo; tape y cocine a fuego lento unos 40 minutos o hasta que el pollo esté tierno con un tenedor. Quite los palillos de dientes. Rinde 4 porciones, 180 calorías por porción.

PASTEL SIN AZÚCAR

1 cucharada dátiles, picados
1 cucharada ciruelas pasas, picadas
1 cucharada Pasas
1 cucharada agua fría
1 barra de margarina derretida
2 huevos
1 cucharadita bicarbonato de sodio
1/4 cucharadita sal
1 cucharada harina común
1 cucharada nueces picadas
1/4 cucharadita canela
1/4 cucharadita nuez moscada
1 cucharadita vainilla

Hierva los dátiles y las ciruelas pasas en una taza de agua durante 3 minutos; agregue la margarina y las pasas y deje enfriar. Mezcle harina, refresco, sal, huevos, nueces, especias y vainilla. Agregue a la mezcla de frutas. Revuelva para mezclar. Vierta en una fuente para hornear. Hornee a 350 grados durante 25 a 30 minutos.

RAYOS DE SOL NARANJA DIABÉTICOS

1 y 1/2 taza harina para todo uso
1 cucharadita Levadura en polvo
1/4 cucharadita sal
1/2 taza acortamiento
1/2 taza Pasas
1 huevo
2 cucharadas. zumo de naranja

2 cucharaditas cáscara de naranja rallada
1 y 1/2 cucharadita Sucaryl

Tamice la harina, el polvo de hornear y la sal. Cortar la manteca hasta que se desmorone. Añadir de una vez: pasas, huevos, zumo de naranja, cáscara de naranja y Sucaryl. Mezclar bien. Haz bolitas pequeñas; aplanar en una bandeja para hornear. Hornee de 12 a 15 minutos a 375 grados.

ANILLO GALLETAS DE ALMENDRA

1/4 taza azúcar moreno granulado, reemplazo
2 cucharadas. jarabe de arce dietético
2 cucharaditas margarina baja en calorías
2 cucharaditas agua
1/3 cucharada almendras, picadas en tronzas grandes
1 tubo (8 onzas / 227 gr/227 gramos) de galletas para refrigerador

En una cazuela a punto para microondas de 1 y 1/2 cuarto de galón, combine el reemplazo de azúcar morena, el jarabe de arce, la margarina y el agua. Cubra con una toalla de papel y cocine en el microondas a temperatura alta durante un minuto. Deje reposar, cubierto durante un minuto, luego revuelva para mezclar la margarina derretida. Agrega las almendras. Corta cada una de las galletas en cuatro tronzas.

Enrolle cada pieza en una bola. Sumerja cada pieza en la mezcla de almíbar y luego colóquela en un molde circular a punto para microondas. Disponga todas las bolas recubiertas uniformemente alrededor del molde del anillo. Vierta el almíbar restante sobre las bolas en el molde.

Cocine en el microondas a temperatura media (50% de potencia) durante 5 a 6 minutos, girando el molde 1/4 de vuelta cada dos minutos. Retirar del horno y cubrir inmediatamente con papel encerado. Deje reposar durante 5 minutos; luego colóquelo en un plato para servir. Dividir en 10 porciones. Aproximadamente 80 calorías por ración.

PIE DE PLÁTANO PARTIDO

1 corteza de galleta Graham
1 paquete (4 onzas / 115 gramos/113 gramos) mezcla de pudin de vainilla instantáneo sin azúcar
2 cucharada leche baja en grasa
2 plátanos en rodajas
1 lata (15 onzas / 140 gramos/425 gramos) De piña triturada
1 cucharada postre fresco
1 cucharadita vainilla
1/2 taza nueces, picadas

Mezclar el pudin con la leche y batir hasta que espese, verter en la corteza. Pon los plátanos sobre el pudin. Exprime la piña para eliminar todo el jugo. Espolvorea encima de los plátanos. Cubra con Cool Whip, espolvoree nueces encima. Enfríe bien.

DIP DE FRUTA

1 cucharada yogur natural
8 onzas / 227 gr / 227 gramos crema ligera
8 paquetes Equivale azúcar
1 cucharadita vainilla.

 Mezcle todos los ingredientes.

Tarta BROWNIE

1 y 1/2 taza crema batida helada
3 cucharadas Fruta Dulce o al gusto
1 cucharadita vainilla

Prepare los broncees dulces de dulce de azúcar (vea la receta a continuación). Batir crema, fruta dulce y vainilla y usar como relleno y cobertura para capas de broncees. Sustituto bajo en grasa: Aproximadamente 3 tazas de cobertura batida congelada, descongelada. Sustituya la vainilla por su saborizante favorito, como 1 cucharada de café instantáneo o 1 cucharada de jugo de naranja concentrado.

BROWNIES DULCES DULCE DE AZÚCAR

2/3 cucharada harina
1/2 cucharadita Levadura en polvo
2 huevos bien batidos
1/2 taza mantequilla derretida o aceite
1/2 taza DULCE DE AZÚCAR, suavizado
1/2 taza Fruta Dulce
1 cucharadita vainilla
1/2 taza nueces picadas

Tamizar la harina y la levadura en polvo; dejar de lado. Licua los huevos, la mantequilla o el aceite, DULCE DE AZÚCAR , fruta dulce y vainilla. Agregue la mezcla de harina y mezcle bien. Agrega nueces. Vierta la mezcla en un molde para hornear de 8 "x 8" engrasado y enharinado. Hornee a 350 grados durante unos 15 minutos, hasta que el pastel vuelva a brotar con un toque ligero. La receta duplicada cabe en un molde para galletas de tamaño doble.

MOUSE DE ALBARICOQUE CONGELADO

1 cucharada mantequilla de manzana y albaricoque
1/2 taza crema batida
2 claras de huevo
2 cucharadas. Fruta Dulce

Bata las claras de huevo hasta que se pongan tiesas
pero no secas. Incorpore la mantequilla de albaricoque
y manzana. Batir la nata hasta que esté rígida,
agregando el fruta dulce. Incorpora la crema batida a
la mezcla de albaricoque. Congelar.

PIEL FRUTAL

Coloque una hoja de envoltura de plástico en el fondo
de una bandeja para hornear galletas. Alise una capa
fina de mantequilla de frutas con el borde de un
volteador de panqueques. Coloque en el horno para
que se seque al fuego más bajo, aproximadamente
120, durante aproximadamente 2 horas, o hasta que
se seque, luego retire y enfríe. Pelar y enrollar en
plástico. Para variar, espolvoree con nueces finamente
picadas antes de secar.

ADORNO DE ENSALADA DE FRUTAS

1 y 1/2 taza leche (descremada o al 1%)
1 (3 onzas/85 gramos) De pudin de vainilla sin azúcar

Agregue: 2 cucharadas. concentrado de jugo de
naranja congelado
1 cucharadita piel de naranja rallada (o cucharada)

Se puede servir como guarnición con frutas variadas
(frescas) o mezclar frutas y aderezo en un tazón.

MOUSE DE FRAMBUESA

2/3 cucharada Fresa Fantasía
1/8 cucharadita crema tártara
2 claras de huevo
1/2 taza crema batida

Agregue la crema tártara a las claras de huevo, bata hasta que esté rígido, pero no seco. Doblar en fresa Fantasía. Incorpora la nata montada a la mezcla de frutas. Enfríe antes de servir o congele para hacer una mouse congelada. Para variar el sabor, pruebe: fresa, arándano, piña naranja, piña o melocotón.

PASTEL DE ZANAHORIA DORADA

2 huevos
1/4 cucharadita canela molida
Pizca de sal
1/2 taza Fruta Dulce
Tarta de 9 " / 23 cm
Una pizca de nuez moscada molida
1/8 cucharadita Jengibre molido
1 cucharada zanahorias cocidas, en ARROZ o en puré
1/2 taza crema espesante

Batir los huevos, la nuez moscada, la canela, el jengibre y la sal hasta que estén bien mezclados. Agrega las zanahorias y revuelve bien. Vierta el fruta dulce y la crema y revuelva hasta que esté completamente mezclado. Vierta el relleno en la base del pastel y hornee a 350 grados durante 35 minutos o hasta que un cuchillo insertado en el centro quede limpio. Sirve con cobertura batida.

TARTA DE COMPOTA DE MANZANA

2 huevos, bien batidos
1 cucharada Mantequilla de manzana o margarina
1 y 1/2 taza harina
1/2 taza Pasas
1/2 taza mantequilla derretida
1/2 taza Fruta Dulce (MANZANAS)
1 y 1/2 cucharadita bicarbonato de sodio
1/2 taza nueces picadas

Combine los huevos, la mantequilla y la mantequilla de manzana. Tamizar la harina y hornear la soda. Agrega las nueces y las pasas a la mezcla de harina y licua. Agregue la mezcla de harina a la mezcla de huevo alternativamente con el fruta dulce. Vierta la masa en un molde de tubo engrasado y hornee a 375 grados durante 30 a 35 minutos. Apague y enfríe antes de servir. Sirve con crema batida.

TORTA GRAHAM DE CHOCOLATE FÁCIL

Forra un molde de 13 "x 9" x 2 " (30 x 23 x 5cm) con una capa de cuadrados de galletas Graham. Prepara 1 paquete grande (6 onzas/170 gramos) de pudin de chocolate instantáneo sin azúcar como se indica en el paquete. Unta sobre la capa de galletas Graham. Coloca en el refrigerador para dejar reposar un poco.

Coloque otra capa de cuadrados de galletas Graham sobre el pudin. Prepare un segundo paquete de pudin de chocolate como se indica arriba y extiéndalo sobre las galletas Graham. Refrigerar. El pastel se puede cubrir con crema batida o Dream Whip cuando se sirve. Este postre fácil es uno que los diabéticos pueden disfrutar.

CONGELACIÓN FANTÁSTICA

4 plátanos maduros, pelados
1/2 taza Frambuesa Fantasía

Envuelva los plátanos en una envoltura de plástico y congele durante la noche. Retirar del congelador, romper en 4 o 5 tronzas y dejar reposar a temperatura ambiente durante unos 10 minutos para que se ablanden un poco para el procesador. Licua los plátanos en un procesador o licuadora hasta que estén cremosos. Agregue la frambuesa (u otro sabor) Fantasía y mezcle brevemente. Esto se puede servir inmediatamente o guardar en el congelador. Para 4 personas.

CORTEZA SIN AZÚCAR

6 yemas de huevo
1/4 taza Fruta Dulce
1/2 taza harina
2 cucharada Leche
1 cucharadita vainilla
1 cucharada. manteca

En un tazón mediano, bata las yemas de huevo y fruta
dulce hasta que esté espeso y pálido. Mientras
continúa batiendo, tamice gradualmente la harina.
Verter en una cacerola y colocar a fuego lento en el
fuego y agregar poco a poco la leche y la vainilla.
Cocine, revolviendo constantemente, hasta que la
mezcla se haya espesado a una consistencia de crema
pastelera, aproximadamente 15 minutos. Retírelo del
calor. Derretir la mantequilla y verter sobre las natillas
para evitar que se forme una piel mientras se enfría.
Rinde 3 tazas.

PASTEL DE CHOCOLATE

2 huevos batidos
1/2 taza mantequilla derretida

1 cucharada mantequilla de fresa y manzana
1 cucharadita vainilla
5 cucharadas Leche
3/4 taza Aderezo dulce de dulce de azúcar
5 cucharadas Fruta Dulce
2 cucharada harina
2 cucharaditas Levadura en polvo

Combine los huevos, la mantequilla, la mantequilla de fresa y manzana y la vainilla. Coloque el frasco tapado de DULCE DE AZÚCAR en agua caliente para diluir. Agregue la leche, DULCE DE AZÚCAR y fruta dulce a la mezcla de mantequilla. Tamice la harina y el bicarbonato de sodio y mezcle con la mezcla húmeda. Vierta en dos moldes redondos de 9 " / 23 cm, engrasados y enharinados, o equivalente. Hornee a 350 grados durante 40 minutos. Deje enfriar. Cubra con crema batida.

PASTEL DE PICADO DE NARANJA

2 huevos, bien batidos
1/3 cucharada Fruta Dulce
1 y 1/2 taza harina
1 y 1/2 cucharadita Levadura en polvo
1/4 taza manteca
1 cucharada Carne picada de frutas
1 cucharadita bicarbonato de sodio

Batir los huevos, derretir la mantequilla y agregar a la carne picada y al dulce de frutas. Tamizar los ingredientes secos, agregar a la mezcla de carne picada y mezclar. Con una cuchara, coloque la masa en un molde para hornear de 8 " / 20 cm engrasado y enharinado. Hornee a 350 grados durante aproximadamente 25 minutos. Cubra con la cobertura de queso crema de naranja. --GELLAJE DE QUESO CREMA DE NARANJA--

6 onzas/170 gramos. queso crema
2 cucharadas. Fruta Dulce
2 cucharadas. jugo de naranja concentrado

 Mezcle todos los ingredientes. Úselo en Pastel de Carne Molida de Naranja.

TARTA DE QUESO LO-CAL

12 onzas / 340 gr. queso ricotta bajo en grasa
4 huevos, separados
3/4 taza Fruta Dulce
Cáscara rallada de 1 limón
3 galletas Graham, finamente trituradas
12 onzas / 340 gr. requesón bajo en grasa
2/3 cucharada leche en polvo no instantánea
5 cucharadas jugo de limón o al gusto
2 cucharaditas vainilla pura
Mantequilla o aceite para sartén

Poner el queso en proceso con las yemas de huevo y fruta dulce y licuar. Agregue la leche, el polvo y procese hasta que quede suave. Agregue la vainilla, el jugo de limón y pele la mezcla de queso. Mezclar hasta que esté suave. Bate las claras de huevo hasta que estén espumosas, luego agrégalas al procesador y licua. por unos 2 segundos, hasta que se mezclen. Unte con mantequilla el fondo y la mitad de los lados de un molde desmontable de 9 " / 23 cm.

Vierta las migas de galletas Graham en la sartén y agite hasta que el área untada con mantequilla esté cubierta. Deje cualquier exceso en la parte inferior. Vierta la mezcla de tarta de queso en la sartén y hornee a 350 grados con una sartén con agua en el horno para evitar que se seque. Hornee por 45 minutos o hasta que el cuchillo insertado salga limpio. Frio. Puede servir con la reserva de fantasía de Wax Orchards All-Fruit de su elección. Variaciones: Se puede utilizar todo el requesón o todo el queso ricotta. Para el pastel de queso crema estándar, sustituya 24 onzas / 115 gramos de queso crema, 3 huevos, 1/2 taza de leche en polvo y 2/3 taza de fruta dulce. Ajuste el limón.

PASTEL DE PIÑA DE ALBARICOQUE

2 huevos batidos
3/4 taza Mantequilla De Manzana De Albaricoque
1/2 taza orejones, finamente picados
2 cucharaditas bicarbonato de sodio

1/2 taza mantequilla derretida
1/2 taza piña escurrida y triturada
2 cucharada harina
1/2 taza Fruta Dulce

Combine los huevos, la mantequilla, la mantequilla de albaricoque y manzana, la piña y los orejones hasta que estén bien mezclados. Mezcle la harina y el bicarbonato de sodio, luego combine con la mezcla de huevo alternativamente con el fruta dulce. Mezclar hasta que la masa esté suave. Hornee en un molde enharinado y engrasado de 9 " / (23 cm) x 12" (30 cm) a 340 grados durante 40 minutos o hasta que el pastel vuelva a brotar cuando se presione ligeramente. Saca el bizcocho del horno. Enfriar, dar la vuelta y enfriar completamente. El sabor suele ser mejor al día siguiente.

MUFFINS DE SALVADO PARA REFRIGERADOR

1 y 1/2 taza jugo de manzana
1 cucharada mantequilla derretida
4 huevos bien batidos
4 cucharada suero de la leche
5 cucharaditas bicarbonato de sodio
2 cucharada Brotes de salvado procesados
1 cucharada Fruta Dulce
4 cucharada cereal de salvado listo para comer
5 cucharada harina
1 cucharadita sal

Vierta el jugo en una cacerola mediana y deje hervir a fuego alto. Retire, vierta los brotes de salvado y revuelva bien. Deje reposar la mezcla durante varios minutos. Combine la mantequilla, el fruta dulce y los huevos y bata bien. Luego agregue el cereal de salvado. Vierta el suero de leche y revuelva bien, luego agregue la harina, el bicarbonato de sodio y la sal. Batir la masa hasta que esté bien mezclada.

Agregue el jugo y los brotes de salvado y revuelva la masa hasta que esté bien mezclado. Deje caer varias cucharaditas de masa en cada molde para muffins engrasado. Hornee a 400 grados durante 15 minutos o hasta que el centro de cada muffin esté listo. La masa se puede almacenar en el refrigerador hasta por 6 semanas y usar según sea necesario. Las frutas y los frutos secos, como las pasas, los arándanos, los plátanos y las nueces, se pueden picar finamente, y se pueden mezclar con un poco de harina para agregar un poco de variedad.

BIZCOCHO DE MANTEQUILLA

2 huevos, separados
6 cucharadas mantequilla ablandada
2 cucharaditas vainilla
2 cucharaditas Levadura en polvo
4 cucharadas crema batida
3/4 taza Fruta Dulce
1 y 3/4 taza harina de pastel tamizada

1 cucharadita bicarbonato de sodio

Batir bien las yemas. Agregue la crema, la mantequilla, el fruta dulce y la vainilla y bata para mezclar bien. Dejar de lado. Tamizar la harina, el polvo de hornear y el bicarbonato de sodio juntos y reservar en un tazón pequeño. En un tazón mediano, mezcle lentamente la mezcla de harina y la mezcla líquida en pequeñas cantidades a la vez hasta que estén bien mezclados. Batir hasta que quede suave.

En un recipiente aparte, bata las claras de huevo hasta que estén firmes pero no secas. Agregue un tercio de las claras a la masa y luego doble suavemente el resto. Vierta en una sartén de 9 " / 23 cm engrasada y enharinada. Hornee en un horno precalentado a 350 grados durante 25 a 35 minutos o hasta que una pajilla insertada o un palillo de dientes salga seco. Deje enfriar durante unos 5 minutos antes de colocar en la rejilla.

TORTA AU CHOCOLATE

1 y 3/4 taza harina de repostería, tamizada
1 cucharadita sal
3 cucharaditas Levadura en polvo
1/2 cucharadita canela
4 huevos, separados
1/2 taza mantequilla derretida o aceite
3/4 taza Fruta Dulce

3/4 taza Dulce de azúcar
1 cucharadita vainilla
1/2 taza Leche

Tamice los ingredientes secos y reserve. Combine la
mantequilla o el aceite, fruta dulce, DULCE DE
AZÚCAR y vainilla. Agrega las yemas a la mezcla
líquida, licuando una a la vez. Agregue la mezcla de
harina a la mezcla líquida alternativamente con la
leche. Batir las claras de huevo hasta obtener picos
rígidos y doblar suavemente pero con cuidado. Hornee
a 350 grados durante 1/2 hora en 2 moldes redondos
(9 " / 23 cm) engrasados y enharinados. Pruebe. El
pastel saltará hacia atrás cuando se toque
ligeramente. Para un pastel más seco, hornee hasta
que el pastel se separe del borde del molde. Deje
enfriar .

--RELLENO--

1 paquete (8 onzas / 227 gr) queso crema
3 cucharadas Fruta Dulce
1 cucharadita vainilla

Se mezclan. El queso crema se puede calentar un
poco para que se ablande y se mezcle. Rellena el
bizcocho, luego glasea con crema batida endulzada al
gusto con fruta dulce, aromatizada con vainilla o tu
aroma favorito. Rocíe fruta dulce derretido alrededor
del borde del pastel. * opcional - ponga encima las
fresas en rodajas finas.

GALLETAS DE MANTEQUILLA DE AVENA PARA DIABÉTICOS

2/3 cucharada avena
2 cucharada harina
1 cucharadita sal ligera
1/4 cucharadita soda
2 cucharaditas Levadura en polvo
1/3 cucharada aceite de maíz
2/3 cucharada mantequilla de cacahuete sin sal
1/4 taza Batidores de huevos y 1 huevo
3 cucharadas leche desnatada
4 cucharadas edulcorante liquido
2 cucharadas. sustituto de azúcar

Tamice la harina, la sal, la soda y el polvo de hornear. Batir los siguientes 6 ingredientes juntos agregar la avena, batir. Agrega la mezcla de harina, revuelve hasta que se forme una bola; enrollar en bolas de 1 pulgada. Coloque en una bandeja para hornear sin engrasar. Presione hacia abajo con un vaso. Hornee a 375 grados durante 10 minutos. aproximadamente 35 calorías por galleta.

GALLETAS DE MANTEQUILLA PARA DIABÉTICOS

1 cucharada harina
1/2 taza mantequilla de cacahuete cremosa
1 huevo
1 cucharadita vainilla
1/4 cucharadita sal

1 y 1/2 cucharadita Levadura en polvo
1/2 taza agua
1 cucharada. edulcorante liquido
1/2 taza aceite para ensalada

Mezclar todo junto en un tazón grande. Forme bolas y colóquelas en una bandeja para hornear sin engrasar. Hornee a 375 grados durante 12 a 15 minutos. (Puede agregar un poco más de harina si lo desea).

GALLETAS DE MANTEQUILLA PARA DIABÉTICOS

1/3 cucharada harina común
1/4 cucharadita bicarbonato de sodio
1/4 cucharadita Levadura en polvo
Pizca de sal
2 cucharadas. acortamiento
2 cucharadas. mantequilla de cacahuete
1 cucharadita edulcorante suave
1 huevo batido

Mezcle y revuelva todos los ingredientes en orden (harina, bicarbonato de sodio, polvo de hornear, sal, manteca vegetal, mantequilla de cacahuete y DULCE 'N Low). Agrega el huevo batido y mezcla bien. Deje caer una cucharadita grande en una bandeja para hornear engrasada. Hornee a 350 grados durante 10 minutos.

DULCE DE AZÚCAR PARA DIABÉTICOS

1 y 1/2 onzas (425gr) leche evaporada
3 cucharadas cacao
1/4 taza aceite
Endulzante líquido para igualar 1/2 taza. azúcar
1/4 cucharadita sal
1 cucharadita vainilla
2 y 1/2 tazas migas de galletas Graham
1/4 taza nueces

Combine la leche y el cacao en una cacerola. Golpea
bien. Agregue aceite, edulcorante, sal. Hervirlo.
Retírelo del calor. Agregue los ingredientes restantes,
excepto 1/4 taza de galletas Graham. Dejar enfriar
unos 15 minutos. Divida la mezcla en 32 bolas. Enrolle
las migajas restantes de las galletas y déjelas enfriar.

SORBETE DE PIÑA (PARA DIABÉTICOS)

1 lata (16 onzas/170 gramos) de piña triturada en
jugo de piña
1 cucharadita gelatina sin sabor (1/3 sobre)
2 cucharadas. jugo de limón edulcorante no nutritivo
equivalente a 1/2 taza de azúcar

1/2 taza leche en polvo descremada

Al menos 3 y 1/2 horas antes de servir: Escurra la piña, reservando el jugo. En una cacerola pequeña, en 1/4 taza de jugo de piña reservado, espolvoree gelatina. Cocine a fuego lento, revolviendo constantemente hasta que la gelatina se disuelva. Retírelo del calor; agregue 1/2 taza de jugo de piña reservado, jugo de limón, piña triturada y edulcorante no nutritivo; Genial. En un tazón pequeño con batidora a alta velocidad, bata la leche en polvo con 1/2 taza de agua helada hasta que se formen picos rígidos; agregue suavemente la mezcla de gelatina hasta que esté bien combinada. Vierta en una sartén poco profunda; congelar 3 horas o hasta que esté firme. Rinde 8 porciones.

SORBETE NARANJA (PARA DIABÉTICOS)

1 cucharada zumo de naranja
1 cucharadita gelatina sin sabor (1/3 sobre)
2 cucharadas. jugo de limón
1 cucharada. edulcorante no nutritivo de cáscara de naranja rallada equivalente a 1/2 taza de azúcar
1/2 taza leche en polvo descremada

Mezcle todos los ingredientes hasta que estén bien combinados.

PIE DE MANZANA DIABÉTICA

Hojaldre para pastel de dos costras de 8 pulgadas
6 cucharada manzanas agrias en rodajas
3/4 cucharadita canela o nuez moscada
1 lata (12 onzas / 340 gr) De jugo de manzana
congelado
2 cucharadas. maicena

Caliente el horno a 425 grados. Ponga las manzanas
en un molde forrado con hojaldre. Caliente el jugo, la
maicena y las especias (opcional). Déjelo hervir hasta
que se aclare. Vierta sobre las manzanas. Cubra con
la corteza superior. Hornea de 50 a 60 minutos.

PIE DE CALABAZA PARA DIABÉTICOS

1 tarta de tarta horneada y cocida de 9 pulgadas
2 sobres o paquetes de pudin de vainilla instantáneo
sin azúcar cucharada
Leche
1 cucharada calabaza enlatada
1 cucharadita pastel de calabaza especias
1/4 cucharadita nuez moscada
1/4 cucharadita jengibre
1/2 cucharadita canela

Licua todos los ingredientes en la licuadora hasta que quede suave. Use calabaza enlatada simple. No use la mezcla de pastel de calabaza enlatada. Vierta en la base de la tarta y enfríe hasta que esté listo para servir.

PASTEL DIABÉTICO SIN AZÚCAR

2 cucharada Pasas
2 cucharada agua
2 huevos, ligeramente batidos (se pueden utilizar batidores o claras de huevo)
1 cucharadita extracto de vainilla
1/2 taza leche desnatada
2 cucharada salsa de manzana sin azúcar
3 cucharaditas Dulce y bajo
1 cucharadita canela
1 cucharadita nuez moscada
1 cucharadita sal
1 cucharadita Levadura en polvo
2 cucharada harina para todo uso
1 cucharada nueces picadas (opcional)

Puede sustituir las nueces con 1/2 taza de puré de plátanos para obtener un sabor diferente, si es así, mezcle el plátano con los ingredientes húmedos. Precalentar el horno a 350 grados. Cocine las pasas en agua hasta que se absorba toda el agua, aproximadamente 30 minutos. Mezcle todos los ingredientes húmedos en un tazón y todos los ingredientes secos en otro tazón. Las nueces se agregan a la mezcla de harina y luego agregue la mezcla de harina a la mezcla líquida. Incorpora las pasas. Hornee en una hogaza o en un molde durante 35 a 45 minutos o hasta que al insertar un palillo, éste salga limpio.

MERMELADA DE FRESA PARA DIABÉTICOS

1 cucharada bayas
3/4 taza   de fresa sin azúcar
1 paquete gelatina de fresa sin azúcar
3 paquetes iguales

Triture las bayas, agregue el refresco y cocine 1 minuto. Retire del fuego y agregue la gelatina hasta que se disuelva. Agregue el edulcorante y vierta en frascos. Selle y guarde en el refrigerador. Rinde aproximadamente 1 1/4 tazas. Puede utilizar otras frutas como frambuesas, melocotones o cerezas.

PUNZÓN DIABÉTICO

Sprite dietético de 1-2 litros
1 lata (46 onzas/170 gramos) de jugo de piña frío sin
azúcar
1 paquete Kool-Aid de arándanos con NutraDULCE

Enfríe todos los ingredientes y vierta en una ponchera
y sirva.

NOG DE HUEVO DIABÉTICO

1 y 1/2 taza Leche
5 comprimidos de sacarina
4 huevos bien batidos
2 cucharaditas vainilla

Junte todos los ingredientes y mezcle bien.

JALEA DIABÉTICA

1 cuarto de galón jugo de manzana sin azúcar
4 cucharadas edulcorante artificial (puede agregar
más)
4 cucharadas jugo de limón

2 paquetes gelatina sin sabor

Mezclar los ingredientes y hervir suavemente durante 5 minutos. Enfríe y vierta en recipientes. Conservar en frigorífico.

COOKIES DIABÉTICAS

1 cucharada Pasas
1 cucharada agua
2 huevos batidos
1 cucharadita vainilla
1 cucharada harina
1/4 taza dátiles, picados
1/2 taza acortamiento
3 cucharaditas edulcorante
1 cucharadita soda

Hervir las pasas, los dátiles y el agua durante 3 minutos. Agregue manteca y enfríe. Agregue los huevos, luego todos los ingredientes restantes y mezcle bien. Enfriar. Deje caer sobre una bandeja para hornear sin engrasar. Hornee a 350 grados durante 10 a 12 minutos.

GALLETAS DE FRUTAS PARA DIABÉTICOS

1 cucharada harina
1 cucharadita bicarbonato de sodio
1 cucharada agua
1 cucharada dátiles, picados
1/2 taza manzanas, peladas y picadas
3/4 taza Pasas
1/2 taza margarina
1 cucharada avena rápida
2 huevos, batidos
1 cucharadita vainilla
1 cucharada nueces, picadas

Tamizar la harina y la soda, reservar. Cocine el agua, los dátiles, la manzana y las pasas; llevar a hervir. Cocine a fuego lento durante 3 minutos. Retire del fuego y agregue la margarina y revuelva. Enfriar la mezcla y luego agregar los huevos, la avena y los ingredientes secos; agregue la vainilla y las nueces. Cubra y refrigere durante la noche. Deje caer en bandejas para galletas a 2 pulgadas de distancia. Hornee en horno a 350 grados durante unos 24 minutos. Conservar en el frigorífico en un recipiente hermético. También puede agregar 1 cucharadita. canela para secar los ingredientes si lo desea.

PASTEL DE FRUTA PARA DIABÉTICOS SIN HORNEAR

1 libra / 453 gr de galletas Graham, trituradas
(reserve 3 galletas dobles)
1/2 libra / 226 gr de margarina
1 libra / 453 gr de malvaviscos

Derrita encima y agregue las migas de galleta. 3/4
taza pasas ralladas 1 cdta. aroma de coco 1/2
cucharada orejones 1/2 taza arándanos crudos 3/4
cucharada dátiles cortados Añadir a la primera mezcla
y mezclar bien. Coloque la mezcla en un molde de 6
"x13" x2 "forrado con papel film. Deje enfriar.

PASTEL DIABÉTICO DE PASAS

2 cucharada agua
2 cucharada Pasas

Cocine hasta que el agua se evapore. Agregue: 2
huevos 2 cucharadas. edulcorante 3/4 taza aceite de
cocina 1 cdta. refresco 2 cucharada harina 1 y 1/2
cdta. canela 1 cdta. vainilla Mezclar bien. Vierta en un
molde engrasado de 8 "x 8", hornee a 350 grados
durante 2 minutos. Rinde 20 porciones. 1 fruta, 2
grasas, 185 calorías.

TARTA DE ESPONJA DIABÉTICA

7 huevos
1/2 taza jugo de fruta, naranja
3 cucharadas DULCE 'N Low o cualquier sustituto del azúcar
2 cucharadas. jugo de limón
3/4 cucharadita crema tártara
1 y 1/2 taza harina de pastel tamizada
1/4 cucharadita sal

Huevos separados. Batir las claras de huevo con sal hasta que estén espumosas. Agregue el crema tártara y continúe batiendo hasta que esté rígido. En otro tazón, combine el resto de ingredientes y mezcle bien. Incorporar las claras de huevo batidas. Hornee en una sartén engrasada y enharinada a 350 grados durante 40 minutos o más; prueba con un palillo. Sirva sin jalea de azúcar (toda fruta) y Cool Whip.

BARRAS DE FECHA DIABÉTICAS NARANJAS

1 cucharada dátiles picados
1/4 taza edulcorante
1/3 cucharada aceite vegetal
1/2 taza zumo de naranja
1 cucharada harina para todo uso
1/2 taza nueces picadas
1 huevo
1 y 1/2 cucharadita Levadura en polvo
1 cucharada. cáscara de naranja rallada

Combine los dátiles, el edulcorante, el aceite y el jugo en una cacerola. Cocine por 5 minutos para ablandar los dátiles. Frio. Agrega los ingredientes restantes. Extienda en un molde para hornear de 8 "x 8" (20x20cm) engrasado. Hornee en horno a 350 grados durante 25 a 30 minutos. Dejar enfriar antes de cortar. Rinde 36 barras.

FECHA COOKIES DIABÉTICAS

2/3 cucharada agua fría
3/4 taza aceite
1 cucharada dátiles picados
1 huevo
1/4 cucharadita nuez moscada
1 cucharada. canela
1/2 cucharadita soda
1/2 cucharadita Levadura en polvo
1 cucharada. edulcorante
1 cucharada. agua
1 cucharada harina

Con agua fría, aceite y dátiles durante 3 a 4 minutos y deje enfriar. Mezclar todos los ingredientes. Deje caer cucharaditas en una bandeja para hornear engrasada. Hornee a 350 grados durante 12 minutos o hasta que esté listo.

COOKIES SIN AZÚCAR (PARA DIABÉTICOS)

1 cucharada harina
1 y 1/2 cucharadita canela
1 cucharadita bicarbonato de sodio
1/2 cucharadita sal (o cucharada)
1/4 cucharadita nuez moscada
1 cucharadita clavo molido
1 cucharadita pimienta de Jamaica
1 y 1/2 taza Pasas
1 cucharada salsa de manzana sin azúcar
1/2 taza aceite
2 huevos
1 cucharadita vainilla
1/2 taza nueces picadas
1 cucharada avena rápida (de la madre)

Mezcle los ingredientes secos y agregue los ingredientes restantes para humedecer. Deje caer una cucharadita en una bandeja para hornear engrasada. Hornee a 375 grados durante 12 minutos.

PAN DE NUECES DIABÉTICAS

24 o 2 y 1/2 tazas dátiles o pasas
2 huevos
1/4 taza aceite vegetal

2 cucharada harina, levadura
1/2 taza nueces picadas
1 cucharadita bicarbonato de sodio
2 cucharaditas edulcorante liquido
1 cucharadita vainilla

Si usa harina para todo uso, agregue 1/2 cucharadita
de sal y 1 cucharadita de polvo de hornear. Use horno
a 350 grados. Ponga los dátiles cortados o las pasas
en un tazón; espolvorear con bicarbonato de sodio y
cubrir con 1 taza de agua hirviendo. Deje reposar
hasta que se enfríe.

PASTEL DIABÉTICO

1 barra de aceite o margarina
1 huevo
2 cucharada harina
2 cucharaditas soda
1 cucharadita vainilla
1 cucharada fechas
2/3 cucharada sustituto de azúcar
1/2 cucharadita canela
1/4 cucharadita clavos de olor
1 y 1/2 taza coba
1 cucharada nueces

Crema de aceite; agregue el huevo, el azúcar y la vainilla y tamice. Agrega los ingredientes secos. Agregue dátiles, puré de manzana y nueces. Batir a velocidad media hasta que se mezclen. Hornee una hora a 350 grados.

GALLETAS DE MANZANA DIABÉTICA

1 y 3/4 taza harina para pastel
1 cucharadita canela
1/2 cucharadita nuez moscada
1/2 cucharadita clavos de olor
1 cucharadita Levadura en polvo
Sal (o cucharada)
1/2 taza manteca
1 cucharada. Dulce diez
1 huevo
1 cucharada salsa de manzana sin azúcar
1/2 taza pasas o nueces
1 cucharada All Bran

Mezclar los ingredientes. Deje caer en una bandeja para hornear galletas. Hornea 20 minutos a 375 grados.

COOKIES DE SALUD DIABÉTICA

1 cucharada Pasas
1/2 taza dátiles picados
1/2 taza manzanas picadas
1 cucharada agua
1/2 taza manteca vegetal
2 huevos bien batidos
2 cucharaditas edulcorante artificial (como dulce y bajo)
1 cucharadita vainilla
1 cucharadita bicarbonato de sodio
1 cucharada harina
3/4 taza nueces picadas

Hierva las pasas, los dátiles y las manzanas en agua durante 3 minutos. Agregue manteca para derretir, luego enfríe y agregue el resto de los ingredientes con las nueces al final. Mezclar bien. Deje caer cucharaditas en una bandeja para hornear. Hornee a 350 grados durante 10 a 12 minutos. Almacenar en el refrigerador en un recipiente hermético.

GALLETAS DE MERENGUE DE ALMENDRAS DE MARY TYLER MOORE (DIABÉTICAS)

4 claras de huevo
8 cucharaditas leche desnatada en polvo
1 cucharadita extracto de vainilla

1 cucharadita extracto de almendra
1 cucharadita edulcorante artificial líquido
Canela al gusto

Bata las claras de huevo hasta que se espesen.
Agrega la leche desnatada en polvo. Mezclar bien.
Agregue los extractos y el sustituto de azúcar. Deje
caer las galletas a cucharadas en una bandeja para
hornear. Hornee a 275 grados durante 45 minutos.
Retirar de la bandeja para hornear y espolvorear con
canela. Rinde de 2 a 2 1/2 docenas. Una galleta
equivale a 32 calorías.

BARRAS DIABÉTICAS

1/2 taza fechas
1/2 taza Pasas
1/2 taza ciruelas pasas
3 huevos
1/2 taza aceite o margarina
1 cucharadita soda
1 cucharadita vainilla
1/4 cucharadita sal
1 cucharada harina

Cortar frutas y hervir con 1 taza de agua agregar
margarina. Mezcle todos los demás ingredientes con
huevos e ingredientes secos. Agrega la mezcla de
frutas. Hornee en un molde cuadrado engrasado de 9
pulgadas a 350 grados durante 25 a 30 minutos.
NOTA: Se puede agregar 1/4 de cucharadita de canela
y nuez moscada. * Opcional: se puede usar 1/2 taza
de nueces o coco.

COOKIES DIABÉTICAS

1 cucharada pasas sin semillas
2 cucharada agua
12 tabletas de sacarina
1 cucharada harina
1/2 taza acortamiento
1 cucharadita canela
1/2 cucharadita nuez moscada
1/2 cucharadita clavos de olor
1 cucharadita soda
1 cucharadita vainilla
1 cucharada avena rápida

Cocine las pasas en agua durante 15 minutos, agregando sacarina mientras está caliente. Tamiza los ingredientes secos. Mezclar todo junto, dejar caer en una bandeja para hornear galletas y aplanar. Hornee a 350 grados durante 15 minutos. Manténgase refrigerado.

CUADRADOS DE PLÁTANO PARA DIABÉTICOS

2/3 cucharada margarina
4 paquetes. DULCE 'N Low o 2 o 3 cucharaditas.
2 huevos, separados (batir las claras)
1 cucharada Plátanos machacados
1 y 1/2 taza harina
1 cucharadita bicarbonato de sodio
1/4 cucharadita Levadura en polvo
1/4 cucharadita sal
1/4 taza crema agria
1/2 cucharadita vainilla
1/2 taza nueces picadas

Crema DULCE 'N Low y margarina. Agrega las yemas de huevo y mezcla bien. Agregue los plátanos, tamice los ingredientes secos. Agregue alternativamente con crema agria a la mezcla de manteca vegetal. Mezclar hasta que esté bien mezclado. Agregue la vainilla, las claras de huevo batidas y las nueces. Vierta en dos moldes cuadrados de 8x8 o 9x9 pulgadas. No sube como las barras normales.

BIZCOCHO DIABÉTICO Y BAJO EN SODIO

2 cucharada harina1 / 2 cucharada aceite de maíz 2 huevos 3 unidad plátanos maduros 1 y 1/2 ca. edulcorante líquido 4 cdas. suero de leche1 cucharada pasas 1 cdta. gaseosa 1 cucharadita. vainilla1 y 1/2 cucharada nueces pecanas

Precaliente el horno a 300 grados. Tamice la harina y la soda juntos. Agregue aceite, edulcorante líquido y mezcle bien hasta que esté ligero. Batir los huevos. Agrega el resto de ingredientes. Batir hasta que esté bien mezclado. Vierta en un molde para pan. Hornee a 350 grados durante 25 minutos.

PUDIN DE PAN DIABÉTICO

1 rebanada de pan blanco, cortado en cubos
2 o 3 cucharadas. Pasas
1 cucharada leche desnatada
1 huevo, bien batido
2 paquetes. endulzante artificial
1 cucharadita vainilla

Batir el huevo, la leche, la vainilla y el edulcorante.
Rocíe dos (2) tazas de plato para microondas con
espray vegetal antiadherente. Coloque los cubos de
pan y las pasas en un plato. Vierta la mezcla de leche
sobre el pan para humedecer cada cubito. Espolvoree
una pizca de nuez moscada por encima y cocine en el
microondas a temperatura alta durante cinco (5)
minutos o hasta que al insertar un cuchillo en el
centro, éste salga limpio. Tenga cuidado de no cocinar
demasiado.

COOKIES DE SALUD DIABÉTICA

1 cucharada Pasas
1/2 taza dátiles picados
1/2 taza manzanas picadas
1 cucharada agua
1/2 taza manteca vegetal
2 huevos bien batidos
2 paquetes. Dulce y bajo (opcional)

1 cucharadita vainilla
1 cucharadita bicarbonato de sodio
1 cucharada harina
3/4 taza nueces picadas

Hervir las pasas, los dátiles y las manzanas en agua durante 3 minutos. Agregue manteca para derretir. Deje enfriar, luego agregue el resto de los ingredientes. Agregue las nueces al final. Mezclar bien. Deje caer cucharaditas en una bandeja para hornear. Hornee a 350 grados durante 10 a 12 minutos. Almacenar en el refrigerador en un recipiente hermético.

GALLETAS DIABÉTICAS DE MANZANA

1/2 taza harina
1 cucharadita canela
1/2 cucharadita soda
1/4 cucharadita pimienta de Jamaica
1/2 taza copos de avena rápidos
1/2 taza Pasas
1/2 taza salsa de manzana sin azúcar
1 huevo batido
1/4 taza acortamiento
2 cucharaditas vainilla
*Opcional:*1/4 cucharadita aroma de naranja, nueces

Primero mezcle los ingredientes húmedos y luego agregue los ingredientes secos. Coloque sobre una bandeja para hornear engrasada. Hornee a 350 grados durante 8 a 10 minutos. Rendimiento: 1 y 1/2 docena.

PASTEL DE CUMPLEAÑOS PARA DIABÉTICOS

2 cucharada harina de pastel tamizada
2 1/2 cucharaditas Levadura en polvo
1/2 cucharadita sal
6 cucharadas margarina ablandada
1 1/4 cucharadita vainilla
1/4 cucharadita extracto de almendra
1 cucharada azúcar
1 huevo
3/4 taza Leche
1/2 taza mermelada de fresa sin azúcar
1 cucharada cobertura batida no láctea

Precalentar el horno a 350 grados. Forre dos moldes para pasteles redondos de 8 pulgadas con papel pergamino o papel encerado. Tamizar juntos la harina, el polvo para hornear y la sal. Con una batidora eléctrica a velocidad media, mezcle la margarina, la vainilla y el extracto de almendras hasta que quede esponjoso. Agrega poco a poco el azúcar, batiendo constantemente. Agrega el huevo; batir hasta que la mezcla esté esponjosa. revolviendo con una cuchara, agregue los ingredientes secos alternativamente con la leche. Revuelva después de cada ALIÑO hasta que la masa esté suave. Vierta en las cacerolas preparadas. Hornee de 25 a 30 minutos o hasta que esté listo. Cuando esté frío esparcir la mermelada de fresa entre las capas. Unte la cobertura batida encima. Conservar en el frigorífico hasta justo antes de servir. Para agregar color, puede agregar una gota de colorante alimentario (de su elección de color) a la cobertura batida antes de ponerla encima del pastel.

PASTEL DIABÉTICO

1 cucharada Pasas
1 y 1/2 taza agua
1/2 taza acortamiento
1 huevo
1 cucharada avena
1 cucharada. sustituto de azúcar
1 cucharada harina
1 cucharadita bicarbonato de sodio

1/4 cucharadita sal
1/2 cucharadita canela

Hervir las pasas y el agua. Agrega otros ingredientes.
Hornee en un molde para pan a 350 grados
aproximadamente 45 minutos o hasta que esté listo.

COOKIES DIABÉTICAS

1 y 1/2 taza salsa de manzana sin azúcar
3/4 taza margarina
2 huevos
1 cucharada. vainilla
1/3 cucharada sustituto del azúcar moreno, a punto
para hornear
2 cucharada avena
1 cucharada. canela
1/2 cucharadita pimienta de Jamaica
1 y 1/2 taza harina
1 y 1/2 cucharadita soda
1/2 cucharadita sal
1 cucharada Pasas
1/4 taza nueces

Mezcle bien la compota de manzana, la margarina, los
huevos, la vainilla y el sustituto de azúcar morena;
agregue los ingredientes restantes. Deje caer
cucharaditas en una bandeja para hornear galletas y
hornee a 375 grados durante 15 minutos.

TARTAS DE FRUTAS PARA DIABÉTICOS

2 cucharada agua
2 cucharada Pasas
1 cucharada salsa de manzana sin azúcar
2 huevos
2 cucharadas. edulcorante liquido
3/4 taza aceite de cocina
1 cucharadita soda
2 cucharada harina común
1 1/4 cucharadita canela
1/2 cucharadita nuez moscada
1 cucharadita vainilla

Cocine las pasas en agua hasta que se acabe el agua.
Agregue la compota de manzana, los huevos, el
edulcorante y el aceite y mezcle bien. Mezcle los otros
ingredientes que se han tamizado juntos. Agrega la
vainilla. Vierta en moldes engrasados y enharinados,
preferiblemente moldes para pan. Hornee
aproximadamente 1 hora a 350 grados o hasta que
esté listo. Rinde de 10 a 12 porciones.

GALLETAS DE MANTEQUILLA PARA DIABÉTICOS

1/2 taza mantequilla de cacahuete
1 cucharada. aceite bajo en calorías
2 1/2 cucharaditas edulcorante liquido
2 huevos
1 cucharada harina
1/4 cucharadita soda
1/2 taza leche desnatada

Batir bien los primeros 4 ingredientes. Agrega los huevos y vuelve a batir, luego agrega la leche y la harina. Mezclar bien. Deje caer con una cuchara en una bandeja para hornear que esté bien engrasada. Hornee a 375 grados durante 12 minutos.

COOKIES DIABÉTICAS

1 huevo
1/2 taza margarina, derretida
2 cucharaditas canela
1 cucharada harina
1 cucharada avena arrollada
1 cucharada coba
1 cucharada Pasas
1 cucharadita soda
3 paquetes. sustituto de azúcar

Coloque todos los ingredientes en un tazón y mezcle bien. Deje caer cucharaditas en una bandeja para hornear galletas y hornee durante 10 a 12 minutos a 375 grados. Rinde alrededor de 3 docenas.

PASTEL DIABÉTICO

2 cucharada manzanas cortadas en cubitos, cocidas
2 huevos
1 cucharada nueces
1/2 cucharadita canela
1 cucharadita soda
1/2 taza edulcorante twin
3/4 taza manteca
1 cucharada Pasas
2 cucharada harina
1/2 cucharadita sal

Mezcle todos los ingredientes en el orden anterior. Hornee en un molde para tubos durante 1 hora a 350 grados.

PASTEL DIABÉTICO

1 cucharada pasas cocidas en 1 cucharada agua
1 cucharada ciruelas pasas, cocidas en 1 cucharada agua, cortada
1 cucharada salsa de manzana sin azúcar
2 huevos
1/4 taza edulcorante suave
3/4 taza Aceite Wesson
2 cucharada harina con levadura
1 cucharadita vainilla
1 cucharadita canela
1 cucharadita nuez moscada
1 cucharadita soda
1 cucharada nueces negras, picadas

Dragar las nueces y las pasas en harina. Batir los huevos y la compota de manzana. Combine todos los demás ingredientes y hornee a 350 grados durante 35-40 minutos en una bandeja para hornear.

COOKIES DIABÉTICAS

1 caja de pasas
2 cucharada agua
1 y 1/2 barra de mantequilla
3 huevos
1 cucharadita vainilla
1 y 1/2 cucharadita Levadura en polvo

1 y 1/2 cucharadita soda disuelta en 3 cucharaditas.
agua
1 cucharadita canela
Pizca de sal

Hervir las pasas, el agua y la mantequilla durante unos 2 minutos. Cuando esté frío, agregue los huevos, DULCE -N-Low, vainilla y refresco. Tamice la harina, la sal, la canela y el polvo de hornear. Agregue a la primera mezcla cocida. Agregue 1 taza de nueces, si lo desea. Coloque en una bandeja para hornear engrasada y hornee unos 20 minutos a 350 grados.

PASTEL DIABÉTICO

1 cucharada pasas, cocidas en 1 taza. agua fría
1 cucharada ciruelas pasas, cortadas, cocine en 1 cucharada agua fría
1 cucharada puré de manzana, dulce o sin azúcar
2 huevos
1/4 taza edulcorante suave
3/4 taza aceite de maíz
2 cucharada harina con levadura
1 cucharadita vainilla
1 cucharadita canela
1 cucharadita nuez moscada
1 cucharadita soda
1 cucharada nueces picadas o nueces negras

Dragar nueces y pasas en harina. Batir el huevo y la compota de manzana. Combine todos los ingredientes y hornee a 350 grados durante 35-40 minutos en una sartén poco profunda.

BROWNIES DIABÉTICOS

2 cucharada migas de galletas Graham (aproximadamente 24 galletas)
1/2 taza nueces picadas
3 onzas / 85 gramos . chocolate semidulce
1 y 1/2 cucharadita DULCE -N-Low (6 paquetes)
1/4 cucharadita sal
1 cucharada leche desnatada

Caliente el horno a 350 grados. Coloque todos los ingredientes en un tazón; Mezclar bien. Hornee en un molde engrasado de 8x8x2 durante 30 minutos. Cortar en cuadrados de 2 pulgadas mientras está caliente.

PASTEL DE ESPECIAS PARA DIABÉTICOS

1/2 taza margarina
3 huevos batidos
1 y 1/2 taza salsa de manzana sin azúcar
1 cucharada Pasas
1/2 cucharadita vainilla
2 cucharaditas soda
1 cucharada. Edulcorante artificial
1 cucharada dátiles, finamente picados
3 manzanas, peladas y cortadas en unidad piezas
1 cucharadita canela
2 cucharada harina
1 cucharada nueces, picadas

Mezcle todos los ingredientes y hornee en un molde
Bundt preparado (rocíe con Pam) en un horno a 350
grados durante 1 hora.

PASTEL DIABÉTICO

2 cucharada Pasas
2 cucharada agua
1 cucharada salsa de manzana sin azúcar

2 huevos
3/4 taza aceite
2 cucharadas. edulcorante liquido
2 cucharada harina
1/4 cucharadita nuez moscada
1 cucharadita soda
1 cucharadita vainilla

Cocine las pasas en agua hasta que se acabe el agua.
Agregue los siguientes 4 ingredientes a las pasas
después de que se enfríen. Mezclar bien. Tamice los
ingredientes secos y agréguelos. Agregue la vainilla,
mezcle bien. Vierta en un molde para pan engrasado.
Hornee durante 1 hora o más a 350 grados.

GALLETAS DE AVENA PARA DIABÉTICOS

1/2 taza margarina
1 huevo
1 cucharadita solución de sacarina
1/4 taza Leche
1 cucharada harina
1/2 cucharadita Levadura en polvo
1/8 cucharadita bicarbonato de sodio
1 cucharadita canela
1/2 cucharadita nuez moscada
1/4 cucharadita sal

1 cucharadita vainilla
1/2 taza Pasas
1 cucharada copos de avena

Crema de margarina. Agregue el huevo batido, la solución de Sucaryl y la leche. Tamizar y mezclar los ingredientes secos y luego agregar a la primera mezcla. Batir la vainilla, las pasas y los copos de avena. Deje caer una cucharadita en una bandeja para hornear engrasada y hornee. Puede usar 1/4 taza de margarina y 1/4 taza de puré de manzana o 1 plátano en lugar de usar la cantidad total de margarina.

FECHA COOKIES DE FRUTOS SECOS (DIABÉTICOS)

1/2 taza aceite o margarina ablandada
1 cucharadita edulcorante liquido
2 cucharaditas agua
1/2 cucharadita vainilla
1 huevo batido
1 cucharada más 2 cucharadas. harina
1/2 cucharadita soda
1/2 cucharadita sal
1/2 taza dátiles picados
1/2 taza nueces picadas

Batir la mantequilla, añadir el edulcorante, el agua, la vainilla y el huevo batido. Tamizar los ingredientes secos y agregar a la mezcla. Hornee en una bandeja para hornear engrasada de 10 a 12 minutos a 375 grados.

PASTEL DE CAFÉ ANNA DIABÉTICO

1 cucharada harina
1/2 taza margarina
2 cucharadas. agua

Mezclar y hacer una bola con la masa, dividir en 2 bolas. Coloque en una bandeja para hornear sin engrasar. Palmee, 12 pulgadas (30 cm) de largo - 3 pulgadas (7,5 cm) de ancho.
--RELLENO--

1/2 taza margarina
1 cucharada agua
1 cucharadita extracto de almendra
1 cucharada harina
3 huevos

Mezcle la margarina y el agua en una cacerola. Lleve a ebullición y agregue saborizante, luego retire del fuego. Agregue la harina, luego agregue los huevos uno a la vez. Dividir por la mitad. Untar sobre la masa, uno luego el otro. Hornee a 350 grados durante 60 minutos.

TARTA DE PAN DE MANZANA DIABÉTICA

3 cucharada harina
1 y 1/2 taza sustituto de azúcar
2 cucharaditas bicarbonato de sodio
2 cucharaditas Levadura en polvo
2 cucharaditas canela
1/2 cucharadita sal
2 cucharada puré de manzana sin azúcar
1 cucharada aceite
4 huevos
1 cucharada Pasas
1/2 taza nueces picadas
1 cucharada dátiles picados

Combina todos los ingredientes. Vierta la masa en 2 moldes para pan de 9 x 6 x 4 pulgadas (23x 15 x 10 cm) sin engrasar. Hornee a 350 grados durante 45 minutos.

GALLETAS DE CHIP DE CHOCOLATE PARA DIABÉTICOS

1/4 taza margarina, ablandada
1 y 1/2 cucharadita vainilla
1 cucharada + 2 cucharadas harina
2 cucharaditas Levadura en polvo
1/2 taza chips de chocolate semidulce
1/4 taza nueces picadas
4 cucharaditas edulcorante liquido
1 huevo
1/2 cucharadita sal
1/4 cucharadita soda

Combine los primeros 4 ingredientes en un tazón pequeño para batir. Batir a velocidad alta durante 1 a 2 minutos o hasta que esté suave y esponjoso. Agregue los siguientes 4 ingredientes con 1/2 taza de agua. Licue a velocidad baja hasta que esté bien combinado. Agregue las chispas de chocolate y las nueces. La masa quedará blanda. Deje caer sobre una bandeja para hornear sin engrasar. Hornee a 425 grados durante 10 a 12 minutos.

JALEA DIABÉTICA

1 cucharada jugo sin azúcar (de cualquier tipo)
1/4 cucharadita jugo de limón
2 cucharadas. sustituto de azúcar
1 cucharada. gelatina simple
1 cucharada. maicena

Mezcle el jugo de limón, el sucedáneo de azúcar, la gelatina y la maicena. Agregue jugo de frutas y revuelva bien para mezclar. Hierva fuerte durante 3 minutos, revolviendo constantemente. Rinde 1 frasco pequeño. Conservar en frigorífico.

JALEA DE MANZANA DIABÉTICA

2 envases gelatina sin sabor
2 cucharada jugo de manzana sin azúcar
Edulcorante artificial al gusto
2 cucharadas. jugo de limón
Colorante alimentario amarillo

Esterilice 2 frascos de media pinta cubriéndolos con agua y hirviéndolos durante 15 minutos. Ablande la gelatina en 1 taza de jugo de manzana. Calentar a ebullición la otra taza de jugo de manzana. Retírelo del calor. Agregue jugo con gelatina ablandada. Agrega jugo de limón. Lleve a ebullición y cocine unos 2 minutos. Retire del fuego y agregue colorante para alimentos y edulcorante al gusto. Vierta en frascos estériles de media pinta, ciérralos y déjelos enfriar. Conservar en frigorífico. Rinde 2 medias pintas.

SALSA DE ESPAGUETIS PARA DIABÉTICOS

1 cucharadita aceite vegetal 1 y 1/4 lb. (550 gr) molida magra redonda 3 (8 onzas / 227 gr) latas de salsa de tomate 1 (6 onzas/170 gramos) de pasta de tomate 4 cucharada agua 1/4 cdta. sal (opcional) 1 cdta. pimienta 1 cdta. orégano Una pizca de ajo Dore las cebollas en aceite; agregue la carne y dore. Escurrir la grasa; agregue el resto de ingredientes. Cocine a fuego lento durante 1 hora sin tapar. Tamaño de la porción, 1/2 taza. (Intercambio de carne magra 1, intercambio de vegetales 1, Calorías 90, Carbohidratos 5 gr, Proteína 7 gr, Grasa 5 gr, Fibra 0 gr, Colesterol 21 mg, Sodio 264 mg.

SALSA BARBACOA DIABÉTICA

1 unidad cebolla, picada
1 lata (8 onzas / 227 gr) de salsa de tomate
2 cucharada agua
1/4 taza vinagre de vino
1/4 taza Salsa inglesa
1 cucharadita sal (opcional)
2 cucharaditas pimentón
2 cucharaditas chile en polvo
1 cucharadita pimienta
1/2 cucharadita canela
1/8 cucharadita clavos de olor

Combine todos los ingredientes; llevar a ebullición completa. Cocine a fuego lento 20 minutos. Tamaño de la porción = 1/4 taza

----

JARABE DE CHOCOLATE PARA DIABÉTICOS DE ANNA

1/3 cucharada cacao seco
1 1/4 taza agua fría
1/4 cucharadita sal
2 cucharaditas vainilla
3 cucharaditas edulcorante líquido

Combine todos los ingredientes; llevar a ebullición completa. Cocine a fuego lento 20 minutos.

GALLETAS DE CANELA PARA DIABÉTICOS

1 rebanada de pan desmenuzado
1/4 cucharadita canela
1/4 cucharadita vainilla
1 huevo batido
1 cucharadita edulcorante

Mezcle todos los ingredientes, colóquelos en una bandeja para hornear, hornee a 350 grados durante aproximadamente 10 a 15 minutos o hasta que estén ligeramente dorados.

GALLETAS DE NUECES DIABÉTICAS

1/2 taza harina
1/4 cucharadita Levadura en polvo
1/8 cucharadita sal
1/2 cucharadita Dulce y bajo
2 cucharadas. jugo de naranja sin azúcar
1/2 cucharadita vainilla
2 cucharadas. manteca vegetal
2 cucharadas. nueces picadas
2 cucharadas. cáscara de naranja rallada

Mezcle todos los ingredientes, colóquelos en una bandeja para hornear, hornee a 350 grados durante aproximadamente 10 a 15 minutos o hasta que estén ligeramente dorados.

DULCE DE AZÚCAR DE PASCUA PARA DIABÉTICOS

1 cuadrado de chocolate sin azúcar
1/4 taza leche evaporada
1/2 cucharadita vainilla

1 cucharadita edulcorante líquido artificial
1 paquete polvo de pudin endulzado con vainilla o chocolate
8 cucharaditas nueces finamente picadas

Mezclar todos los ingredientes y llevar a ebullición a fuego medio. Caliente, revolviendo constantemente. Cuando la mezcla comience a espesarse, vierta rápidamente en una sartén o plato para que se enfríe y cuaje. Puede refrigerarse para acelerar el enfriamiento.

TÉ ESPECIADO (DIABÉTICO)

1 cucharada té instantáneo con NutraDULCE
2 paquetes Ayuda de Kool
Ponche Sunshine con NutraDULCE
1 cucharadita canela
1 cucharadita clavos de olor

Agregue la porción deseada a una taza de agua caliente.

ENSALADA DIABÉTICA DE ARÁNDANOS Y NARANJAS

1 libra / 453 gr de arándanos frescos
1 medianas naranja, no pelar
1 medianas manzana, no pelar
1 unidad tallo de apio

Muele los ingredientes anteriores juntos. 1 (3 onzas / 85 gr) Caja de gelatina de naranja sin azúcar 2 cdas. Igual de edulcorante. Disuelva gelatina en 3/4 taza de agua hirviendo; agregue 3/4 taza de agua fría. Agregue fruta molida, apio, piña, edulcorante. Enfriar.

ARROZ GLORIFICADO PARA DIABÉTICOS

1/2 taza ARROZ, crudo (no instantáneo)
1 (20 onzas/565 gramos/ 560 gr) De piña triturada, en su propio jugo
1 paquete (3 onzas/ 85 gr) gelatina con sabor a fruta sin azúcar
Agua hirviendo
Jugo de piña, escurrido de lata
Cerezas marrasquino
Crema espesa

Cocine el ARROZ de acuerdo con las instrucciones del paquete. Escurrir, reservar. Escurre la piña, reservando 1 taza de jugo. Disuelva la gelatina en 1 taza de agua hirviendo. Agrega jugo. Agregue el ARROZ bien escurrido, el ARROZ cocido absorberá el color y el sabor de la gelatina. Mezcle bien y enfríe hasta que espese pero no esté del todo firme. Agregue piña y cerezas escurridas, si lo desea. Incorporar la crema batida. Enfriar. Rinde alrededor de 8 porciones.

APÓSITO PARA DIABÉTICOS SIN CALORÍAS

1/2 taza agua
1/2 taza vinagre blanco
1/2 cucharadita sal
1/2 cucharadita mostaza seca
1/8 cucharadita pimienta
1/16 cucharadita pimentón
Edulcorante artificial en sustitución de 4 cucharaditas. azúcar

Combine todos los ingredientes y refrigere. Rinde aproximadamente 1 taza. 1 porción = 1-2 cucharadas. * Diabéticos: este es un intercambio gratuito. Valor de sodio 133 mg / 2 cucharadas (las dietas bajas en sodio omiten la sal). Sin colesterol, proteínas, grasas ni calorías.

SLAW DE COL DE ZANAHORIA (RECETA PARA DIABÉTICOS)

1/2 cabeza de repollo
1 unidad cebolla
2 tallos de apio
2 zanahorias
1 cucharada. mayonesa
2 paquetes Edulcorante artificial (como dulce y bajo)
1/2 cucharadita pimienta negra
2 cucharadas. vinagre
2 cucharadas. jugo de limón

Tritura el repollo y las zanahorias. Picar finamente la cebolla y el apio. Mezclar en un tazón grande. En un recipiente aparte, mezcle el edulcorante, la pimienta, el vinagre, el jugo de limón y la mayonesa. Vierta sobre verduras ralladas y refrigere. Rinde 10 porciones. Cambios: una porción equivale a 1 verdura; calorías: una porción equivale a 23 calorías.

ENSALADA DE QUESO CREMA PARA DIABÉTICOS

1 (3 onzas / 85 gr) envases gelatina sin azúcar (lima)
1 cucharada piña triturada en su propio jugo
3 onzas / 85 gr. queso crema ligero, temperatura ambiente
1/2 taza leche desnatada evaporada, refrigerada

Mezcle la gelatina según las instrucciones del paquete. Escurra el jugo de la piña y agregue agua para hacer 1/2 taza de líquido. Agregue jugo a la mezcla de gelatina y enfríe hasta que esté almibarado. Batir la leche desnatada evaporada, asegurándose de que el bol, los batidores y la leche estén bien fríos. Reserva la leche batida. Batir el queso crema con gelatina. Incorporar la leche batida y la piña escurrida y enfriar en molde o plato de cristal. Rinde porciones de 9 ½ tazas.

POSTRE FÁCIL SIN AZÚCAR

1 paquete (6 onzas/170 gramos) gelatina sin azúcar
2 cucharada agua caliente
1/2 paquete Mezcla de limonada Cristal Light
2 cucharada agua
3 cucharada postre fresco
1 pastel de comida en ángulo

Disuelva la gelatina en agua caliente. Agregue la mezcla de limonada y el agua. Enfríe hasta que espese un poco, bata hasta que esté espumoso y agregue Cool Whip. Doblar en el pastel roto en pedazos. Ponga en una sartén de 9 x 13 pulgadas (23 x 33 cm) (aproximadamente 23 x 33 cm) y enfríe.

PUFFS DE CREMA

½ margarina
1 cucharada agua hirviendo
1 cucharada harina
½ cucharadita de sal
4 huevos

Derrita la margarina en 1 taza de agua hirviendo. Tamizar la harina y la sal juntas. Agregue al líquido hirviendo de una vez y revuelva hasta que la mezcla salga de la olla en una bola compacta. Deje enfriar 1 minuto.

Ponga en un tazón y agregue los huevos, uno a la vez, batiendo bien después de cada ALIÑO. Deje caer una cucharadita redondeada en una bandeja para hornear sin engrasar. Hornee a 450 grados durante 10 minutos y luego a 400 grados durante unos 25 minutos. Enfriar y rellenar con el relleno favorito. Relleno sugerido: 1 bote Cool Whip, agregue 1/2 paquete de pudin de vainilla instantáneo.

PIE DE MANZANA SIN AZÚCAR

1 lata (12 onzas / 340 gr) De jugo concentrado de manzana congelado, descongelado

3 cucharadas maicena
1/4 cucharadita sal
1 cucharadita canela
1/2 cucharadita nuez moscada
5-6 manzanas, peladas, sin corazón y en rodajas

Mezclar todos los ingredientes y llevar a ebullición.
Vierta en un molde para pastel forrado con corteza.
Cubra con la corteza restante. Hornee a 425 grados
aproximadamente 45 minutos hasta que la corteza
esté dorada y las manzanas tiernas.

GALLETAS DE ESPECIAS SIN AZÚCAR

1/3 cucharada margarina, ablandada
1/4 taza fructosa granulada
1/2 cucharadita reemplazo de azúcar moreno
granulado
1 cucharada harina
1/2 cucharadita Levadura en polvo
1 cucharadita canela
1/8 cucharadita sal
1 cucharadita vainilla

En un tazón grande, mezcle la margarina, la fructosa y el reemplazo de azúcar morena hasta que estén suaves y esponjosos. Agregue la harina, el polvo de hornear, la canela y la sal; mezclar bien. Agrega la vainilla. Forme bolas de 1 pulgada con la masa y colóquelas en bandejas para hornear sin engrasar. Aplana las bolas con un tenedor mojado en agua fría. Hornee a 375 grados durante 8-10 minutos; enfriar en rejillas de alambre.

LOMO DE PAVO A LA PLANCHA

1/4 taza salsa de soja baja en sodio
1/4 taza vino de jerez o jugo de manzana
1/8 cucharadita pimienta negra
2 cucharadas. cebolla triturada
1 libra / 453 gr de lomo de pavo crudo, de 3/4 a 1 pulgada de grosor
1/4 taza aceite de cacahuete
2 cucharadas. jugo de limón
1/8 cucharadita sal de ajo
1/4 cucharadita Jengibre molido

En una sartén poco profunda, mezcle todos los ingredientes de la marinada. Agregue el pavo, volteándolo para cubrir ambos lados. Cubrir; marinar en el refrigerador varias horas o toda la noche, volteando ocasionalmente. Asa los solomillos sobre brasas, de 8 a 10 minutos por lado, según el grosor. Los solomillos están listos cuando no hay rosa en el centro, no los cocine demasiado. Sirva en rodajas de 1/4 de pulgada de grosor en panecillos tostados. Rinde 4 porciones.

COOKIES DIABÉTICAS

1/2 taza aceite
2 cucharaditas edulcorante
1 cucharadita sal
1 huevo
2 cucharaditas cáscara de naranja rallada
1/2 taza Leche
1/2 cucharadita Levadura en polvo
1/2 cucharadita soda
1 cucharada carnes de nueces
1 1/4 taza harina

Crema de aceite, edulcorante y parte de harina. Agregue el resto de los ingredientes. Hornee a 350 grados durante 10-12 minutos.

BARRAS DE FRUTAS PARA DIABÉTICOS

1 cucharada dátiles picados
1/2 orejones secos picados
1/2 taza nueces
1 y 1/2 cucharadita Levadura en polvo
1/2 taza manteca
1 1/3 taza copos de avena
1/4 taza aceite
2 huevos
1 cucharadita vainilla
1 cucharada harina
1 cucharadita canela

En una cacerola, derrita el aceite y la mantequilla, agregue los dátiles y los albaricoques. Retire del fuego y agregue el huevo y la vainilla. Combine los ingredientes secos y mezcle con el resto de la mezcla. Hornee en un molde de 9 x 13 pulgadas (23 x 33 cm)(aproximadamente de 23 x 33cm) durante 20 minutos a 350 grados.

GALLETAS SMAKEROON

3 claras de huevo
1/2 cucharadita crema tártara
2 cucharaditas sustituto de azúcar

1/4 cucharadita saborizante de almendras
3 cucharada ARROZ crujiente
1/4 taza Coco rallado

Batir las claras de huevo hasta que estén espumosas, agregar el crema tártara y seguir batiendo hasta que estén firmes pero no secas. Agregue el sustituto de azúcar y el saborizante. Batir hasta que se mezcle. Doble el cereal y el coco y colóquelos en cucharaditas en una bandeja para hornear ligeramente engrasada. Hornee a 350 grados durante 12-15 minutos o hasta que esté ligeramente dorado. 1 ración = 1 intercambio de frutas (3 galletas). Rinde 24 galletas.

PASTEL DE CHOCOLATE

1/4 taza harina para todo uso tamizada
1 cucharadita Levadura en polvo
1/4 cucharadita sal
3 cucharadas cacao
1/4 taza Café frio
1 cucharada. sustituto de azúcar
1 huevo
1 cucharada. aceite para ensalada
1/4 taza agua fría
1 cucharadita vainilla

Tamice la harina, el polvo de hornear, la soda y la sal. Licue el cacao y el café. Batir el huevo y todo el sustituto de azúcar, el agua, el aceite de ensalada y la vainilla y mezclar con los ingredientes secos, mezclando solo hasta que quede suave. Agregue la mezcla de cacao y café. Cubra un molde para pasteles de capa redonda de 8 pulgadas con papel encerado y engrase con 1/8 de cucharadita de mantequilla. Vierta la masa en la sartén, cubra la sartén con papel de aluminio y colóquela en una olla poco profunda con agua. Hornee a 350 grados durante 25 minutos. Retirar del molde sobre una rejilla para pasteles y enfriar. Corte la capa por la mitad en forma transversal para hacer la mitad de un pastel de dos capas. Una ración = 1 fruta y 1 cambio de grasa.

PASTEL DE ESPONJA

7 huevos
1/2 taza agua fría
3 cucharadas sustituto de azúcar
1/2 cucharadita vainilla
2 cucharadas. jugo de limón
1/4 cucharadita crema tártara
1 y 1/2 taza harina para pastel
1/4 cucharadita sal

Batir las yemas de huevo hasta que estén espesas y de color limón. Combine agua, sustituto de azúcar, vainilla y jugo de limón. Agregue a las yemas de huevo batir hasta que esté espeso y espumoso; agregue el crema tártara a las claras de huevo batidas y continúe batiendo hasta que se formen picos rígidos. Doble con cuidado en la mezcla de yemas. Combine la harina tamizada y la sal. Cierne poco a poco la mezcla, doblando suavemente. Vierta en un molde de tubo sin engrasar de 9 o 10 pulgadas. Hornee a 325 grados durante 1 hora y 15 minutos. Una ración = 1 pan intercambiado.

SALSA DE CHOCOLATE

1 cucharada. manteca
2 cucharadas. cacao
1 cucharada. maicena
1 cucharada leche desnatada
2 cucharaditas sustituto de azúcar
1/8 cucharadita sal

Mantequilla derretida. Combine el cacao, la maicena y la sal; mezcle con mantequilla derretida hasta que quede suave. Agregue la leche y el sustituto de azúcar y cocine a fuego moderado, revolviendo constantemente hasta que espese un poco, retire del fuego. Agrega la vainilla. Coloque la sartén en agua helada y revuelva hasta que esté completamente fría. (La salsa se espesa a medida que se enfría). Una porción - (1 cucharada).

GALLETAS DE MANTEQUILLA

1/2 cucharadita Levadura en polvo
1 cucharada harina
Pizca de sal
1/4 taza acortamiento
2 cucharadas. azúcar morena
1 envases o 1/16 onzas/170 gramos mezcla para
relleno de pastel y pudin de caramelo endulzado
artificialmente
1/4 cucharadita vainilla
1 huevo

Tamice la sal, la harina y el polvo de hornear.
Combine la manteca, el azúcar y la nata; agregue
lentamente la mezcla para pudin, mezclando bien.
Luego agregue el huevo, bata hasta que la mezcla
esté suave y esponjosa. Agrega la vainilla; y luego
agregue los ingredientes; mezclando bien. Coloque la
masa sobre papel encerado; forme un rollo de
aproximadamente 2 pulgadas de diámetro.

Envuelva en papel encerado. Coloque en el congelador
durante unos 30 minutos o refrigere durante la noche.
Corte en rodajas de 1/8 de pulgada y luego colóquelas
en una bandeja para hornear sin engrasar. Hornee a
375 grados durante 8-10 minutos. 2 galletas = 2
frutas y 1 intercambio de grasas. Rinde 24 galletas.

CEREZO MARASCHINO - GALLETAS DE GOMA

1/2 taza margarina
1/4 taza azúcar morena
1 yema de huevo
1 cucharada harina
1 y 1/2 cucharadita extracto de vainilla
1/4 cucharadita sal
24 cm. Goma de mascar o 12 cerezas al marrasquino, cortadas a la mitad

Batir la margarina agregando azúcar lentamente. Mezcle la yema de huevo y el extracto de vainilla. Después de tamizar los ingredientes secos, agregue lentamente la mezcla cremosa. Enrolle en bolas pequeñas y colóquelas en una bandeja para hornear sin engrasar. Hornee a 350 grados durante 5 minutos. Después de retirar del horno, presione suavemente la mitad de la cereza marrasquino o 1 gomita en el centro de cada galleta. Regrese al horno y continúe horneando por 8-10 minutos adicionales. 2 galletas = 1 intercambio de frutas y 2 intercambios de grasas. Rinde 2 docenas de galletas.

DIETA 7 - ENSALADA ARRIBA

1 (4 porciones) pqt. gelatina de limón sin azúcar
1 cucharada agua hirviendo
6 onzas/170 gramos. dieta fría 7-Up
1 (8 onzas / 227 gr) (O 1/2 de 20 onzas/565 gramos / 285 gr) Lata de piña triturada escurrida enlatada en su propio jugo (sin endulzar)
1 plátano, partido y en rodajas

Disuelva la gelatina en agua caliente. Ponga a un lado para que se enfríe un poco, luego agregue lentamente la paleta fría, la piña y los tronzasos de plátano. Vierta en una sartén cuadrada de 8 pulgadas y enfríe hasta que cuaje. Agrega aderezo.
--ALIÑO--

Cocine a baño maría hasta que espese: 1 cucharada. Edulcorante artificial de harina = 1/4 cucharada azúcar 1/2 cucharada jugo reservado 1 cda. margarina baja en grasa Deje enfriar, luego doble en 1 sobre de cobertura batida D-Zerta preparada. Unte encima de la ensalada "preparada" anterior. 1 porción = 2 y 1/2 pulgadas (63,5 cm2) cuadradas; 1 fruta y 1 grasa intercambiada. Nota: Si esta ensalada se duplica y se usa una sartén de 9 x 13 pulgadas (23 x 33 cm), no duplique la mezcla de cobertura. Es suficiente para cubrir todo.

ENSALADA SALSA DE CRANAPLAS

1 envases gelatina sin sabor
1/4 taza agua fría para ablandar arriba
1 (4 porciones) pqt. gelatina de frambuesa sin azúcar
1 cucharada agua hirviendo
2 cucharada (1/2 lb) de arándanos rojos congelados
1 cucharada paquete de jugo de piña triturada sin azúcar * con jugo
1 cucharada salsa de manzana sin azúcar*
5 paquetes de edulcorante artificial

Coloque las bayas limpias y aún congeladas en el agua hirviendo. Vuelva a hervir y deje que las bayas se abran (de 8 a 15 minutos). ¡No se mueva! Suaviza la gelatina sin sabor en 1/4 de taza de agua fría, luego agrega ambas gelatinas a los arándanos calientes; revuelva hasta que se disuelva. Agrega la piña con el jugo, la compota de manzana y el edulcorante. ¡No prepares esto en un molde de gelatina! Revolver. Vierta en un molde de 10 tazas y enfríe hasta que cuaje. 1 ración = 1 intercambio de frutas (aproximadamente 60 calorías).

SLAW DE PIÑA COLE

12 cucharada repollo rallado (alrededor de 3 libras)
1 cucharada malvaviscos en miniatura
2 unidad (20 onzas/565 gramos) De latas preenfriadas
* paquete de jugo de trocitos de piña, escurridos

Mezcle con: cobertura:

1/4 taza jugo de piña reservado
Edulcorante artificial = 1/4 cucharada azúcar
1 y 1/2 taza postre milagroso lite

Mezclar en una licuadora. Mezclar con ensalada de repollo. Justo antes de servir, agregue 2 bananas partidas y en rodajas. Las rodajas se pueden colocar en suficiente jugo de piña para cubrirlas; esto evitará que se pongan marrones hasta que estén listos para usar. 1 porción = 3/4 de taza: 1 verdura, 3/4 de grasa, 1 fruta de intercambio. Aproximadamente 105 cal.

ENSALADA DE PASTA DIETÉTICA

Pasta sacacorchos
4 champiñones frescos, en rodajas
1 pepino en rodajas
Aderezo italiano picante kraft bajo en calorías
1 cebolla en rodajas
1 tomate, cortado en cubitos
1 pimiento verde picado

Cocine y enjuague la pasta en agua fría. Mezclar con los ingredientes restantes y marinar en el aderezo. Enfriar y servir.

LASAÑA

1 cucharada cebollas picadas
1 cucharada champiñones en rodajas
1/2 taza pimientos verdes cortados en cubitos
1 cucharada. perejil
1/2 cucharadita cada albahaca, orégano, chile en polvo
5 onzas / 140 gramos Queso monzarella
1 diente de ajo picado
1 cucharada zanahorias picadas
3 cucharada Tomates
1/4 cucharadita romero seco
3 onzas/ 85 gramos. queso Romano rallado
1 y 1/3 taza requesón

Saltee las cebollas, el ajo, los champiñones, las zanahorias y los pimientos hasta que estén suaves. Agregue los tomates, el perejil, la albahaca, el orégano, el chile en polvo, el romero y la pimienta. Cocine a fuego lento durante 15 minutos. Mezcle los 3 quesos. Comenzando con la salsa, cubra con 8 fideos de lasaña cocidos y queso en una cazuela de 8 x 12 pulgadas (20x30 cm). Hornee a 375 grados durante 30 minutos. Rinde 4 porciones.

PIE DE CUSTARD DE COCO

4 huevos
4 cucharadas dieta aceite
1 cucharadita extracto de coco
5 cucharadas harina
8 onzas / 227 gr edulcorante de jícama rallado = 1/2 taza azúcar
1 y 3/4 taza agua
1 y 1/2 cucharadita vainilla
2/3 cucharada leche en polvo
2 rebanadas de pan seco
Pizca de sal

Combine todos los ingredientes en la licuadora, excepto la jícama. Doble la jícama y vierta en un molde para pastel de 10 pulgadas (25 cm) forrado con corteza. Hornee a 350 grados durante 40 a 45 minutos.

PIE DE MANZANA SIN AZÚCAR

4 cucharada manzanas cortadas en rodajas (preferiblemente amarillas deliciosas)
1/2 taza concentrado de jugo de manzana sin azúcar (no diluir)
1 y 1/2 cucharadita maicena o tapioca
1 y 1/2 cucharadita especias para tarta de manzana o canela

Mezcle espesante, concentrado y especias. Vierta sobre las rodajas de manzana para cubrir bien. Vierta en un molde para pastel forrado con corteza. Cubra con la corteza restante. Hornee a 425 grados aproximadamente 45 minutos hasta que la corteza esté dorada y las manzanas tiernas. 8 porciones cada 220 calorías. Intercambios = 1 y 1/2 fruta, 1 pan, 1/2 grasa cada ración.

PASTEL DE QUESO DIABÉTICO

2/3 cucharada requesón
1/3 cucharada agua fría
1/2 cucharadita vainilla
1/2 taza arándanos
1/3 cucharada agua caliente
1/3 cucharada leche en polvo y 3 paquetes. Igual
1 cucharadita jugo de limón
1 envases gelatina sin sabor

Ablande la gelatina en agua fría, luego agregue agua caliente. Mezclar hasta que esté suave. Agregue el resto de los ingredientes y vuelva a licuar hasta que quede suave. Agrega los arándanos. Enfríe hasta que esté firme.

Gelatina de ruibarbo o arándano

2 cucharada ruibarbo
1 paquete Gelatina sin azúcar (frambuesa, cereza o fresa)
1 1/4 taza agua

Pon ruibarbo en una cacerola con 1 taza de agua. Hervir hasta que la fruta esté blanda. Agregue 1 paquete de gelatina y revuelva hasta que se disuelva. Agrega 1/4 taza de agua fría. Revuelva y vierta en platos individuales o en una cazuela de 1 y 1/2 cuarto de galón. Enfríe hasta que cuaje. Se pueden usar arándanos en lugar de ruibarbo.

PALETAS DE HIELO

1 (4 porciones) envases gelatina sin azúcar
1 (2 galón/ 6 litros) envases mezcla de bebida en polvo endulzada artificialmente sin azúcar (Kool-Aid)

En una jarra mezcladora de 2 cuartos, disuelva la gelatina en 1 taza de agua caliente. Agregue la bebida en polvo; revuelva, luego agregue 7 tazas de agua fría. Revolver. Vierta en tazas de helado con asas; congelar. Sugerencias de sabor: Frambuesa Limonada Naranja Naranja Gelatina de uva: Triple baya Lima Piña hawaiana Fresa Frambuesa Estas paletas no se derriten fácilmente debido a la ausencia de azúcar. 1 paleta (2 onzas / 57 gramos) = 2 a 3 calorías. Se pueden comer de 5 a 6 por día y se considera un alimento "gratis".

DULCE DE AZÚCAR

1 caja (4 porciones) de pudin instantáneo sin azúcar (sabor favorito)
3 cucharada leche desnatada en polvo reconstituida

Batir todos juntos de acuerdo con las instrucciones del paquete de pudin. Vierta en tazas de helado con asas; congelar. 1   (2 onzas / 57 gramos) = aproximadamente 20 calorías. 1 por día = "gratis" *.
* 20 calorías "gratis" o menos y no es necesario para figurar en un plan de alimentación para diabéticos si se limita a una "gratis" por día.

GALLETAS DE MANZANA DIABÉTICA

1 y 3/4 taza harina para pastel
1/2 cucharadita sal
1 cucharadita canela
1/2 cucharadita nuez moscada
1/2 cucharadita clavos de olor
1 cucharadita soda
1/2 taza manteca
1 cucharada. Sucaryl
1 huevo
1 cucharada puré de manzana (sin azúcar)
1/2 taza Todo cereal de salvado
1/2 taza Pasas

Mezcle la harina, la sal, la canela, la nuez moscada, el clavo y la soda. Mezcle la mantequilla, el Sucaryl y el huevo hasta que esté suave y esponjoso. Agregue la mezcla de harina y puré de manzana alternativamente, mezclando bien después de cada ALIÑO. Incorpore las pasas y todo el salvado. Coloque en una bandeja para hornear engrasada. Caliente el horno a 375 grados. Hornee por 20 minutos o hasta que estén doradas.

GALLETAS DE AVENA CON ESPECIAS PARA DIABÉTICOS

1 cucharada agua

2 cucharada Pasas
4 cucharadas de edulcorante
½ taza de mantequilla
½ cucharadita de sal
¼ de cucharadita de pimienta de Jamaica
½ cucharadita de canela
1 cucharadita de refresco
1/8 cucharadita de nuez moscada
2 y ½ taza de avena
½ taza de nueces picadas

Hierva agua y pasas. Déjelo enfriar durante 5 minutos. Agrega todos los demás ingredientes. Forme bolas y hornee en una bandeja para hornear ligeramente engrasada durante 15 minutos a 325 grados.

COOKIES DIABÉTICAS

1 y 3/4 taza harina
1 cucharadita canela
1/2 cucharadita nuez moscada
1/2 cucharadita clavos de olor
1 cucharadita bicarbonato de sodio
1/2 taza margarina
1/2 taza edulcorante favorito
1 huevo
1 cucharada salsa de manzana sin azúcar
1/2 taza pasas, picadas
1 cucharada Todos los brotes de salvado
1/2 taza nueces finamente picadas

Precalentar el horno a 350 grados. Tamice la harina, la canela, la nuez moscada, el clavo y el bicarbonato de sodio. En un tazón grande, mezcle la margarina, el edulcorante artificial y el huevo. Mezcle los ingredientes secos, alternando con puré de manzana. Incorporar el salvado, las pasas y las nueces y mezclar bien. Coloque en una bandeja para hornear engrasada por cucharadas. Aplanar ligeramente con un tenedor, sumergido en leche. Hornee por 7-8 minutos.

PIE DE CALABAZA DIABÉTICA

1 unidad paq. pudin de vainilla sin azúcar
1 y 1/2 taza leche (entera o sin grasa)
1 cucharada calabaza enlatada
1/4 cucharadita canela
1/4 cucharadita nuez moscada
Edulcorante artificial equivalente a 1 cucharadita.
azúcar
1 masa de pastel horneada de 8 pulgadas

Coloque la mezcla para pudin en una cacerola. Agrega poco a poco la leche. Cocine y revuelva a fuego medio hasta que la mezcla hierva. Retirar del fuego y agregar la calabaza, las especias y el edulcorante; mezclar bien. Vierta en la corteza horneada. Enfríe hasta que esté firme, aproximadamente 3 horas.

CREMA BATIDA PARA DIABÉTICOS

1/3 cucharada leche en polvo instantánea descremada
1/3 cucharada agua congelada
1/2 cucharadita edulcorante liquido

Enfríe un tazón de vidrio pequeño y batidores.
Combine los ingredientes y bata a velocidad alta con
una batidora hasta obtener una consistencia de crema
batida. Rinde aproximadamente 10 porciones de 2
cucharadas.

PIE DE CALABAZA DIABÉTICA

1 lata (16 onzas/170 gramos) De calabaza
1 lata (13 onzas / 370 gramos) De leche evaporada
2 huevos
1/4 taza edulcorante moreno
1/4 taza sustituto de azúcar
1 cucharadita canela
1/2 cucharadita sal
1/2 cucharadita nuez moscada
1/4 cucharadita jengibre
Corteza de semillas de sésamo

Combine todos los ingredientes y mezcle bien en la licuadora. Vierta en la corteza de semillas de sésamo. Hornee a 425 grados durante 15 minutos, luego reduzca el fuego a 350 grados y hornee 35 minutos más. Intercambio por ración: 1 pan, 1/2 leche, 1 grasa.

--CORTEZA DE SEMILLA DE SÉSAMO--
1 cucharada harina para todo uso
1/4 taza semilla de sésamo
1/2 cucharadita sal
1/2 taza más 2 cucharadas. margarina de aceite de maíz
2 o 3 cucharadas. jugo de naranja frío

Combine para hacer 1 molde para pastel (9 pulgadas / 22 centímetros).

PASTEL DIABÉTICO

2 cucharada agua
2 cucharada Pasas
1 cucharada salsa de manzana sin azúcar
2 huevos
2 cucharadas. edulcorante artificial líquido
3/4 taza aceite de cocina
1 cucharadita bicarbonato de sodio
2 cucharada harina

1 y 1/2 cucharadita canela
1/2 cucharadita nuez moscada
1 cucharadita vainilla

Precalentar el horno a 350 grados. Cocine las pasas en agua hasta que el agua se evapore. Agregue puré de manzana, huevos, edulcorante, aceite de cocina y mezcle bien. Incorpora el bicarbonato de sodio y la harina. Agrega la canela, la nuez moscada y la vainilla y mezcla. Vierta en un molde para pasteles engrasado de 8x8 pulgadas y hornee aproximadamente 25 minutos o hasta que esté listo.

PIE DE FRESA (SIN AZÚCAR)

1 tarta de tarta horneada
1 cuarto de galón fresas
3 cucharadas maicena
1 paquete (8 onzas / 227 gr) queso crema
1 cucharada jugo de manzana, sin azúcar

Corte las bayas en rodajas, cocine a fuego lento 1 taza en 2/3 tazas de jugo de manzana durante 3 minutos. Mezcle la maicena con 1/3 taza de jugo de manzana, agregue las bayas. Revuelva constantemente durante 1 minuto hasta que espese. Extienda el queso ablandado sobre la base de la tarta, coloque las bayas sobre el queso y vierta las bayas cocidas encima. Adorne con crema batida y unas bayas. Enfríe de 3 a 4 horas.

PIE DE MANZANA SIN AZÚCAR

4 cucharada manzanas peladas en rodajas
1/2 taza concentrado de jugo de manzana congelado
sin diluir
1 y 1/2 a 2 cucharaditas. tapioca, maicena o harina
1/2 cucharadita jugo de limón (opcional)
1/2 a 1 cucharadita especias de canela, nuez moscada
o tarta de manzana

Divida la masa en 2 partes y enrolle finamente para
que quepa en un plato de 8 o 9 pulgadas. Dejar de
lado. Mezcle las manzanas, el concentrado de jugo de
manzana, el espesante y las especias y revuelva hasta
que las manzanas estén bien cubiertas. Agregue jugo
de limón, si lo desea, para mantener las manzanas de
un color más claro. Prueba 1 tronza de manzana para
comprobar la especia. Vierta en el molde para pastel
revestido de pastelería y cubra con la segunda corteza
o tiras de pastelería. Selle los bordes y corte ranuras
en la corteza superior para permitir que salga el
vapor. Hornee a 425 grados durante 40-45 minutos
hasta que se doren. Sirva caliente o frío. NOTA: Las
manzanas tienen algo de pectina natural, pero se
necesita una pequeña cantidad de espesante para
retener el concentrado dulce de las manzanas y
obtener un sabor uniforme. Una porción (incluida la
corteza): 220 calorías; 1 y 1/2 intercambios de frutas;
1 intercambio de pan; 1 intercambio de grasas.

PIE DE MANZANA (SIN AZÚCAR)

4 cucharada manzana
1/2 taza concentrado de jugo de manzana congelado, sin diluir
2 cucharaditas tapioca o maicena
1/2 a 1 cucharadita canela

Mezcle las manzanas y todos los ingredientes hasta que estén bien cubiertos; vierta en la base de la masa y cubra con la masa. Hornee a 425 grados durante 40 a 45 minutos.

GUISADO DE SALCHICHA POLACA

1 lata de crema de apio
1/4 taza azúcar morena
27 onzas / 765 gramos lata de chucrut, escurrido
1 y 1/2 libra / 226 gr de salchicha polaca, cortada en tronzasos de 2 pulgadas
4 medianas patatas, peladas y cortadas en cubos
1 cucharada cebolla picada

4 onzas / 115 gramos. queso Monterrey Jack rallado

Cocine la salchicha, las papas y la cebolla hasta que
estén cocidas. Mezcle la sopa, el azúcar y el chucrut,
cocine hasta que se mezclen. Mezclar con otros
ingredientes y cubrir con queso.

KRAUTRUNZA

1 barra (aproximadamente 1/4 de libra / 113 gramos)
de salchicha alemana
1 libra / 453 gr de carne molida
1 unidad repollo
1 medianas cebolla
Sal y pimienta
Masa de levadura

Dore las carnes y agregue los demás ingredientes,
cocine hasta que estén tiernas. servir

SAUERKRAUT ALEMÁN

1 lata de chucrut bávaro, parcialmente escurrido
1 manzana, sin corazón y en rodajas
1 cebolla picada
2 o 3 rebanadas de tocino

Mezclar y cocinar hasta que todo esté tierno.

POLACO BIGOS Y KLUSKI

2 libras (900 gramos) de carne molida
3 cucharadas Crisco
2 cucharada pimiento verde cortado en cubitos
2 cucharada cebollas en rodajas
10 y 1/2 onzas (300 gramos) lata de sopa de tomate
2 lata de tomates
3/4 taza agua
1-2 cucharadas sal
1/4 cucharadita pimienta negra
1/8 cucharadita pimiento rojo (opcional)
1/2 paquete fideos kluski

Dore la carne molida. Luego agregue los pimientos,
las cebollas, cocine hasta que estén ligeramente
salteados. Cocine los fideos según la dirección del
paquete. Agregue el resto de los ingredientes y cocine
hasta que esté bien mezclado. Mezcle la salsa con los
fideos o déjelos poner su propia salsa.

PARCHES

5 cucharada harina
1 huevo
1 cucharada. acortamiento
1 cucharada Leche

Mezcle todos los ingredientes, colóquelos en una bandeja para hornear galletas y hornee a 350 grados durante aproximadamente 10 minutos.

SUEÑOS DE NOGAL

¼ de libra (113 gramos) de margarina
1 ½ taza + 1 cucharada de azúcar morena
1 ½ taza nueces picadas
2 huevos (batidos)
1 ½ cucharadita de levadura en polvo
1 cucharadita de vainilla
½ taza Coco

Mezcle todos los ingredientes y mezcle bien. Coloque en una bandeja para hornear galletas, hornee a 325 grados hasta que se dore ligeramente.

MUFFIN DE AVENA CON CEREZAS SIN AZÚCAR

1 1/4 tazas de harina sin blanquear
1 1/4 cucharaditas de levadura en polvo
3/4 de cucharadita de bicarbonato de sodio
1/4 cucharadita de sal liviana (o regular)
2/3 taza de mermelada de cereza negra de todas las frutas
1/3 taza de jugo de manzana concentrado
1/2 taza de jugo de cereza concentrado
2 1/2 a 3 cucharadas de aceite de canola o cártamo
1/4 taza de agua
2 claras de huevo o 1/3 taza de producto de clara de huevo
1 y 1/2 tazas de avena fina (rápida)

Precaliente el horno a 350 grados, mezcle los ingredientes secos y reserve. En un tazón diferente, bata ligeramente las claras o batidos de huevo y mezcle todos los ingredientes húmedos. Mezcle los ingredientes líquidos y secos, con un tenedor, lo suficiente para humedecer. Luego, agregue suavemente la avena y mezcle bien.

Llene los moldes para muffins hasta 3/4 de su capacidad y hornee a 350 grados durante 18 a 25 minutos. Verifique que esté listo con un palillo de dientes, si sale limpio, está listo. Déjelo enfriar unos 10-15 minutos. Sirva tibio o a temperatura ambiente.
Rinde 12 muffins

SOPA WIENER DE MAMÁ

4 salchichas
1 cebolla
1 cuarto de galón (1 litro) Leche
1 y 1/2 cucharadita sal
4 cucharadas manteca
2 cucharadas. harina
2 cucharada patatas cocidas en cubitos
1/4 cucharadita pimienta

Dore las papas, las salchichas y las cebollas en 2 cucharadas de mantequilla. Mezcle la leche, la sal, la pimienta, la harina y otras 2 cucharadas de mantequilla, revuelva constantemente hasta que la mezcla hierva y se vuelva suave. Luego mezcle todo junto en una olla o cacerola sopera, cocine hasta que todo esté caliente, luego sirva.

PASTEL DE SKILLET DE LA ABUELA LOE

1 y 3/4 taza harina para pastel

1 cucharadita Levadura en polvo
1/4 cucharadita soda
1/4 cucharadita sal
1 cucharada azúcar
1/4 taza margarina derretida
1 huevo
1 cucharadita vainilla
Suero de la leche

Ponga la margarina en la taza, agregue el huevo y
llene la taza con suero de leche. (Mezcle con los
ingredientes secos). (Batir) Antes de la última línea -
tamice la harina, el polvo de hornear, la soda, la sal y
el azúcar en un tazón. Luego batir con la primera
mezcla. Vierta en una sartén y cubra con la cobertura.

--CUBRIMIENTO DE TUITTI-FRUITTI--
1 cucharada cóctel de frutas escurrido
1/2 taza azúcar morena
1/4 taza nueces picadas
1/4 taza margarina

Coloque el cóctel de frutas sobre la masa, espolvoree
azúcar morena y nueces sobre el cóctel de frutas,
luego rocíe con margarina derretida

--CUBRIMIENTO DE PASTA DE ALMENDRA--
1 cucharada ciruelas pasas cocidas, cortadas por la
mitad
1/2 taza azúcar morena
1/4 taza Almendras plateadas
1/4 taza margarina

GUISADO DE CARNE DE MAMÁ

1/4 taza refresco de jengibre
1 cucharada. vinagre de vino tinto
1 lata de sopa de consomé
Sal y pimienta
1/4 taza harina
1 libra / 453 gr de carne magra para guisar
1/4 libra (113 gramos) de champiñones, en rodajas
2 medianas patatas cortadas
2 zanahorias en rodajas
1 cebolla en rodajas

Dorar la carne para guisar y saltear con cebolla y champiñones. Agregue todos los ingredientes en la olla y cocine hasta que la carne y las verduras estén tiernas.

PANCAKES DE HUEVO IOCOA

8 huevos, batir con fuerza
1 cucharadita sal
2 y 1/2 tazas leche o agua

1 cucharada harina

Mezcle todos los ingredientes y vierta en la parrilla.
Cocine por cada lado hasta que estén ligeramente
dorados.

PASTA DE CARNE PARA DIABÉTICOS

--Corteza-
3/4 cucharadita Sal
1/4 taza más
2 cucharaditas manteca vegetal
1 huevo
Agua

Ponga la harina y la sal en un tazón para mezclar.
Cortar en manteca. Batir el huevo en una taza
medidora. Agregue agua para hacer 1/2 taza, agregue
a la harina y mezcle hasta que esté bien humedecido.
Divida la masa en 6 bolas. En una tabla ligeramente
enharinada, enrolle las bolas en círculos entre el papel
encerado. Luego déjelo a un lado.

--RELLENO--
3/4 libra (340 gramos)de carne de res molida gruesa
(cruda)
2 cucharada patata cruda cortada en cubitos
3/4 taza zanahoria cruda en cubitos
3/4 taza Apio en cubitos

1 cucharadita sal
1/4 cucharadita pimienta negra
2 cucharadas. agua

Una vez que todos los ingredientes del relleno estén bien mezclados. Vierta sobre la masa y envuelva la carne. Hornee a 350 grados durante aproximadamente 10 a 15 minutos o hasta que la masa se dore.

ATÚN SUPREMO

1 unidad lata de atún, envasado en agua
3 huevos duros, cortados en cubitos
1 cucharada Queso americano, cortado en cubitos
2 cucharadas. cada uno pepinillos dulces picados, cebolla picada, apio picado y aceitunas rellenas picadas
1/2 taza mayonesa o Miracle Whip

Mezclar todos los ingredientes y servir sobre pan o hoja de lechuga.

ALBÓNDIGAS PICANTES PARA DIABÉTICOS

1 libra / 453 gr de carne molida magra
1/2 taza salsa de chile
2 cucharaditas rábano picante preparado
1/2 taza cebolla picada
2 cucharaditas Salsa inglesa
1/2 cucharadita sal
2 cucharadas. aceite de maíz

Mezclar bien todos los ingredientes, hacer bolas y dorar en aceite de maíz. Escurrir sobre toallas de papel.

SALCHICHÓN PICANTE DIABÉTICO

2 libras (900 gramos) de carne de cerdo molida extra magra
2 cucharaditas salvia seca triturada
1 cucharadita pimienta negra recién molida
1 cucharadita fructosa
1 cucharadita polvo de ajo
1/2 cucharadita cebolla en polvo
1/2 cucharadita Maza de tierra
1/4 cucharadita pimienta de Jamaica molida
1/4 cucharadita sal
1/8 cucharadita clavo molido

Mezcle bien todos los ingredientes. Luego conviértelo en empanadas y dore hasta que esté listo.

PATATAS Y RELLENO DE CERDO

5 chuletas de cerdo
1 caja de crutones, preparados según las instrucciones
de la caja, como relleno
1/4 taza agua

Dore las chuletas de cerdo, asegúrese de que estén
bien cocidas. Sirve con relleno.

PASTEL DE MANZANA DIABÉTICA

2 cucharada Pasas
2 cucharada agua
3/4 taza aceite
4 cucharadas Edulcorante ligero
2 huevos
2 cucharada harina
1 cucharadita soda
1 y 1/2 cucharadita canela
1/2 cucharadita nuez moscada
1/2 cucharadita sal
1/2 taza nueces (si lo desea)
1 cucharada salsa de manzana sin azúcar

Tamice todos los ingredientes secos y reserve. En un recipiente aparte, mezcle todos los ingredientes húmedos. Mezcle los ingredientes húmedos y secos y mezcle bien, luego agregue la compota de manzana, las nueces y las pasas. Vierta en un molde para pasteles engrasado y enharinado a menos que use un molde antiadherente. Hornee a 350 grados durante 25 a 30 minutos o hasta que el pastel salte hacia atrás cuando se toque ligeramente en el medio.

PAN DE BANANA

2 cucharada harina para todo uso
1 cucharadita bicarbonato de sodio
1 cucharadita Levadura en polvo
1 y 1/2 cucharadita pastel de calabaza especias
2 plátanos maduros (machacados)
6 onzas/170 gramos. lata de jugo de naranja congelado
2 huevos
1 cucharada Pasas
Nueces (opcional)

Tamice todos los ingredientes secos y reserve. En un recipiente aparte, mezcle todos los ingredientes húmedos y el puré de plátanos. Mezcle los ingredientes húmedos y secos y mezcle bien, luego agregue las nueces y las pasas. Vierta en un molde para pan engrasado y enharinado a menos que use un molde antiadherente. Hornee a 350 - 375 grados durante 30-45 minutos o cuando el cuchillo salga limpio.

GALLETAS DE CHIP DE CHOCOLATE PARA DIABÉTICOS

1/2 taza manteca
1/3 cucharada edulcorante igual al azúcar morena
1 huevo
1 y 1/2 cucharadita extracto de vainilla
1 1/3 taza harina para todo uso
2 cucharaditas Levadura en polvo
1/2 cucharadita bicarbonato de sodio
1/2 cucharadita sal
3/4 taza leche desnatada
1/2 taza chips de chocolate semidulce

Batir la mantequilla, el azúcar moreno, la vainilla y el huevo. Tamice todos los ingredientes secos juntos en un recipiente aparte. Agregue la leche, los ingredientes secos y las chispas de chocolate a la mezcla cremosa. Coloque en una bandeja para hornear galletas. Hornee a 325-350 grados durante 7-10 min. o hasta que estén ligeramente dorados.

PASTEL DE CHOCOLATE WACHY

1 y 1/2 taza harina para pastel
1/4 taza cacao
2 cucharadas. reemplazo de azúcar granulada
1 cucharadita bicarbonato de sodio
1/2 cucharadita sal
1 cucharada agua
1 cucharada. vinagre blanco
1/4 taza aceite de cártamo o maíz
1 cucharadita extracto de vainilla
1 huevo

Tamice todos los ingredientes secos y reserve. En un recipiente aparte, mezcle todos los ingredientes húmedos. Mezcle los ingredientes húmedos y secos y mezcle bien. Vierta en un molde para pasteles engrasado y enharinado a menos que use un molde antiadherente. Hornee a 350 grados durante 25 a 30 minutos o hasta que el pastel salte hacia atrás cuando se toque ligeramente en el medio.

PASTEL DE MANZANA SIN AZÚCAR

12 onzas / 340 gr. lata de jugo de manzana
concentrado
3 cucharadas maicena
1 cucharadita canela molida
1/8 cucharadita sal
Cáscara de pastel sin hornear de 9 pulgadas
5 manzanas de sabor dulce, en rodajas

Mezclar todos los ingredientes y dejar hervir. Cuando
la mezcla comience a espesarse, retirar del fuego.
Vierta en la base de la tarta. Hornee a 350-375 grados
o hasta que estén doradas.

GALLETAS DE MANZANA

1/2 taza harina para todo uso
1 cucharadita canela molida
1/2 cucharadita bicarbonato de sodio
1/4 cucharadita pimienta de Jamaica
1/2 taza copos de avena rápidos
1/2 taza Pasas
Nueces (Opcional)
1/2 taza salsa de manzana sin azúcar
1 huevo batido
1/4 taza acortamiento
2 cucharaditas extracto de vainilla
1/4 cucharadita aroma de naranja (opcional)

Tamice todos los ingredientes secos (incluida la avena) juntos en un recipiente aparte. En un recipiente aparte, mezcle el puré de manzana, los huevos, la vainilla, los ingredientes secos con sabor a naranja (opcional) y las nueces. Coloque en una bandeja para hornear galletas. Hornee a 325-350 grados durante 7- 10 min. o hasta que estén ligeramente dorados.

GALLETAS DE AVENA PARA DIABÉTICOS

3/4 taza manteca vegetal
1/2 taza edulcorante moreno
1/2 taza edulcorante igual al azúcar blanco
1 huevo
1/4 taza agua
1 cucharadita extracto de vainilla
1 cucharada harina para todo uso
1 cucharadita sal
1/2 cucharadita bicarbonato de sodio
1 cucharada Pasas
3 cucharada copos de avena, cocción rápida o regular

Batir la manteca, los azúcares, la vainilla y el huevo. Tamice todos los ingredientes secos juntos en un recipiente aparte. Agregue agua, ingredientes secos, pasas y avena a la mezcla cremosa. Coloque en una bandeja para hornear galletas. Hornee a 325-350 grados durante 7- 10 min. o hasta que estén ligeramente dorados

----

HELEN'S LOW - CAL PECAN PIE

Cáscara de pastel sin hornear de 9 pulgadas
3/4 taza sustituto de huevo
3 cucharadas harina para todo uso
1/3 cucharada más 1 cucharada. más 1 cdta.
concentrado de jugo de piña congelado descongelado
1/4 taza azúcar
1/4 taza Jarabe oscuro de maíz
2 cucharadas. margarina en terrina baja en calorías,
derretida
1 y 1/2 cucharadita extracto de vainilla
1/8 cucharadita sal
3 y 1/2 onzas (100 gramos) mitades de nuez

Mezclar todos los ingredientes excepto la harina y las
nueces y llevar a ebullición. Ahora agregue harina y
nueces. Cuando la mezcla comience a espesarse,
retirar del fuego. Vierta en la base de la tarta. Hornee
a 350-375 grados o hasta que los bordes estén
dorados.

AZÚCAR - GALLETAS DE ESPECIAS GRATIS

2 cucharada agua
1 cucharada Pasas
2 barras de margarina
1 cucharada ciruelas pasas, picadas
1 cucharada dátiles, picados
2 claras de huevo
2 cucharaditas soda
1/2 cucharadita sal
2 cucharaditas vainilla
1/2 cucharadita canela
1/2 cucharadita nuez moscada
Pizca de clavo
2 1/3 taza harina, y tal vez 1/4 más
1/2 - 1 taza nueces

Batir la margarina, la vainilla y las claras de huevo.
Tamice todos los ingredientes secos juntos en un
recipiente aparte. Agregue agua, ingredientes secos,
pasas, dátiles, ciruelas pasas y nueces a la mezcla de
crema. Coloque en una bandeja para hornear galletas.
Hornee a 325-350 grados durante 7- 10 min. o hasta
que estén ligeramente dorados

BARRAS DIABÉTICAS

1 cucharada dátil
1/2 taza ciruelas pasas
1 cucharada agua
1 barra de margarina
2 huevos

1 cucharadita soda
1 cucharadita vainilla
1/4 cucharadita sal
1 cucharada harina
1/2 taza nueces picadas

Batir la margarina, la vainilla y el huevo. Tamice todos los ingredientes secos juntos en un recipiente aparte. Agregue agua, ingredientes secos, dátiles, ciruelas pasas y nueces a la mezcla cremosa. Unte en una bandeja para hornear galletas. Hornee a 325-350 grados durante 15-20 min. o hasta que estén ligeramente dorados

----

Judías verdes en escabeche estilo francés

1 lata de frijoles
1 cucharadita especias de decapado
2 cucharaditas endulzante artificial
1/3 cucharada vinagre

Cocine al vapor los frijoles durante 5 minutos o menos y cuele. Mezclar el resto de los ingredientes y llevar a ebullición. Colar para deshacerse de las especias. Si es necesario, puede agregar vinagre o edulcorante al gusto. Vierta sobre los frijoles y deje reposar durante la noche.

PLATO DE MARISCOS ALOHA

2 libras (900 gramos). filetes de pescado
1/2 taza jugo de piña
1/4 taza salsa de bistec
1 cucharadita sal
Pizca de pimienta

Coloque el pescado en una sola capa en una fuente
para hornear poco profunda. Combine los ingredientes
restantes y vierta sobre el pescado. Deje reposar 30
minutos, voltee una vez. Retire el pescado y reserve
la salsa para rociar. Coloque el pescado en una
bandeja para asar rociada con Pam. Ase unos 4
minutos, untando con salsa. Dar la vuelta con cuidado
y untar con salsa. Ase hasta que el pescado se
desmenuce cuando lo pruebe con un tenedor. Adorne
con rodajas de lima o piña si lo desea.

MAGIA DE LA MANZANA

2 medianas manzanas, peladas, sin corazón, picadas
en tronzasos grandes
1 y 1/2 cucharadita canela
Edulcorante artificial equivalente a 5 cucharaditas.
azúcar
2 sobres (2 cucharadas) de gelatina sin sabor
10 a 12 onzas / aproximadamente 340 gr líquidas de
refresco dietético con sabor a limón

Precalentar el horno a 350 grados. En una sartén profunda, estrecha y alargada, coloque las manzanas en capas. Combine 1 cucharadita de canela con edulcorante para obtener 1 cucharadita de azúcar. Espolvoree un poco de esta mezcla sobre cada capa de manzanas. Espolvoree gelatina sobre 10 onzas líquidas de refresco para ablandar. Agrega el resto del edulcorante y la canela; revuelva hasta que se disuelva. Vierta la mezcla sobre las manzanas; agregue la soda restante para cubrir las manzanas. Hornee a 350 grados durante 1 hora o hasta que esté completamente cocido. Mientras esté caliente, refrigere inmediatamente, de 4 a 6 horas o hasta que cuaje. Rinde 2 porciones.

FACTURACIÓN DE MANZANA

1 manzana, pelada, sin corazón y en rodajas
1 cucharadita jugo de limón
1 cucharada. agua
1 rebanada de pan blanco
1/4 cucharadita canela
Edulcorante artificial equivalente a 2 cucharaditas. azúcar

Cocine el edulcorante, la canela, el agua y el jugo de limón con la manzana. Cocine hasta que esté tierno. Frio. Retire la corteza del pan. Enrolle fino. Coloque la mezcla de manzana en 1/2 pan. Doblar en diagonal. Humedecer los bordes y presionar con un tenedor. Hornee a 425 grados más lento hasta que esté crujiente.

ENSALADA DE MANZANA / PERA DE ATÚN

1 medianas manzana o pera
1 (3 onzas / 85 gramos) De atún envasado en agua
2 cucharadas. pimiento verde cortado en cubitos
1 cucharada. aderezo local francés o italiano
2 cucharaditas jugo de limón
Pizca de edulcorante artificial
Taza de lechuga

Cortar la pera en dados. Mezcle con atún y pimiento verde. Combine el aderezo, el jugo de limón y el sustituto de azúcar. Vierta sobre la ensalada y mezcle. Vierta en una taza de lechuga.

TARTA DE ALBARICOQUE AL ARRIBA

12 mitades de albaricoque congeladas, descongeladas
1/2 cucharadita jugo de limón
1/2 cucharadita reemplazo de azúcar morena
1/4 cucharadita canela
2 rebanadas de pan rallado blanco
1 cucharadita Levadura en polvo
Pizca de sal
2 huevos, separados
1/3 cucharada reemplazo de azúcar granulada
3 cucharadas agua caliente
1/2 cucharadita vainilla

Precalentar el horno a 350 grados. Combine los albaricoques, el jugo de limón, el azúcar morena y la canela. Unte en el fondo de una fuente para hornear pequeña antiadherente. Combine las migas, el polvo de hornear y la sal. Batir las yemas de huevo. Agregue el azúcar gradualmente hasta que las yemas estén espesas y de color limón. Batir el agua, la mezcla de pan rallado y extraer. Batir las claras de huevo con una pizca de sal hasta que estén firmes, no secas. Incorpore la mezcla de huevo. Vierta sobre los albaricoques. Hornee por 25 minutos o hasta que esté completamente cocido. 2 porciones.

MANZANAS AL HORNO

Manzanas
Canela
Endulzante artificial
Refresco de cereza negra sin azúcar

Lave y descorazone las manzanas. Cortar y pelar 1/3 del camino hacia abajo. Coloque las manzanas en una fuente para horno y vierta soda sobre ellas. Espolvorea con canela y edulcorante. Hornee a 375 grados hasta que las manzanas estén tiernas.

Frijoles horneados

2 latas (16 onzas/170 gramos) de frijoles estilo francés
1 cucharada. hojuelas de cebolla deshidratadas
1 cucharada jugo de tomate
2 cucharaditas Salsa inglesa
1 cucharadita mostaza seca
Edulcorante artificial equivalente a 12 cucharaditas. azúcar

Escurra los frijoles y vacíe en un tazón. Agrega los ingredientes restantes. Mezclar ligeramente y convertir en una fuente para hornear. Hornee a 350 grados durante 45 minutos.

POLLO AL HORNO CON MANZANAS

2 1/2 a 3 libras de pollo, cortado
1/2 cucharadita sal
1/4 cucharadita pimienta
1 cubo de caldo de pollo
1/2 taza agua hirviendo
1/2 taza jugo de manzana
2 cucharada judías verdes frescas en rodajas, estilo francés
1 cucharada manzanas peladas en cubitos
1 cucharada. harina
1 cucharadita canela molida
1 onza / 28 gramos de pan

Espolvoree ambos lados del pollo con sal y pimienta. Coloque el pollo sobre una rejilla en una fuente para asar abierta y poco profunda. Hornee en horno caliente (450 grados) hasta que se dore, aproximadamente 20 minutos. Reduzca la temperatura del horno a 350 grados. Retire el pollo y la rejilla; vierta la grasa de la sartén. Regrese el pollo a la sartén. Disuelva el caldo en agua hirviendo. Vierta sobre el pollo junto con el jugo de manzana. Agregue las judías verdes. Tape y hornee por 25 minutos. Incorpora la manzana. Tape y hornee 10 minutos más. Mientras tanto, en una cacerola pequeña mezcle la harina con la canela. Licua con 1 cucharada de agua fría. Agregue el líquido de la sartén caliente. Cocine y revuelva hasta que la mezcla hierva y espese un poco. Sirve con pollo y verduras.

PASTEL DE CREMA DE BANANA

2 cucharada leche desnatada
4 huevos, separados
4 paquetes de edulcorante artificial
1 cucharadita extracto de plátano
1 plátano en rodajas
2 paquetes de gelatina sin sabor
1 cucharadita vainilla

Espolvoree gelatina en 3/4 taza de leche fría. Caliente la leche restante. Agregue la mezcla de gelatina y revuelva a fuego lento hasta que se disuelva. Batir las yemas de huevo, agregar a la mezcla caliente revolviendo constantemente. Cuando la mezcla se espese, agregue edulcorante. Retirar de la estufa. Agregue saborizante de vainilla y plátano. Vierta la mitad del relleno en un molde para pastel de 8 pulgadas. Coloque los plátanos en rodajas encima. Cubra con el resto del relleno. Merengue: Batir las claras de huevo hasta que estén espumosas. Agregue 1/2 cucharadita de crema tártara, 1 cucharadita de vainilla. Agregue 4 paquetes de edulcorante artificial, 1/4 de cucharadita de nuez moscada y bata. Batir hasta que esté tieso. Apile encima del relleno de plátano. Ponga a la parrilla de 1 a 2 minutos hasta que estén doradas. Refrigere 4 horas antes de servir.

ALBÓNDIGAS BAR-BQ

Carne picada al gusto de 1 libra / 453 gr
1/2 taza leche desnatada líquida
1 medianas Cebolla picada
Sal y pimienta al gusto
1/2 taza salsa de tomate dietética
1 cucharada. pimientos verdes picados
1 cucharadita mostaza preparada
1 cucharada. vinagre
1 cucharada. cebolla picada
1 y 1/2 cucharada Salsa inglesa
2 paquetes edulcorante bajo

Mezcle carne al gusto, la leche, la cebolla, la sal y la pimienta. Haz bolas. Ase hasta que se dore (aproximadamente 15 minutos). Salsa: Mezcle salsa de tomate, pimiento verde, mostaza y vinagre. Agregue la cebolla picada, la salsa Worcestershire y edulcorante bajo. Vierta sobre las albóndigas. Cocine tapado durante 15 minutos a 400 grados.

SALSA BAR-BQ

1 lata de jugo de tomate

1 cebolla picada
1 cucharada. mostaza
1 cucharadita chile en polvo
1/4 taza vinagre
Ajo en polvo al gusto
1/2 cucharadita pimentón
1 cucharadita Salsa inglesa
Edulcorante, sal y pimienta al gusto

Combine, lleve a ebullición, luego baje el fuego y
cocine a fuego lento hasta que espese como desee.

POLLO BAR-BQ

Pollo hervido, sin piel, deshuesado y picado
1 lata de jugo de tomate
1 cebolla picada
1 cucharada. mostaza
1 cucharadita chile en polvo
Edulcorante al gusto
1/4 taza vinagre
Una pizca de ajo en polvo
Pizca de orégano

Mezcle todos los ingredientes, excepto el pollo, para
hacer la salsa. Mezcle el pollo y la salsa que desee.
Cocine a fuego lento y coma con pan o sin él.

POLLO ASADO CON AJO

2 1/2 libra / 226 grs pollo, en cuartos
6 dientes de ajo
3/4 cucharadita romero en polvo
Sal y pimienta al gusto
Caldo de pollo

Frote el pollo con 2 dientes de ajo prensados y
romero. También frote con sal y pimienta. Deje
reposar 30 minutos. Coloque el pollo en una asadera y
cubra con caldo. Espolvoree con 2 dientes de ajo en
rodajas. Agregue un poco de caldo a la sartén. Ase a
la parrilla volteando cuando esté medio cocido. Cubra
los lados superiores con caldo y 2 ajos más en
rodajas. Rocíe con la grasa de la sartén.

ESTOFADO BRUNSWICK

3 onzas / 85 gramos . pechuga de pollo
3 onzas / 85 gramos . plato molido, cocido
12 onzas / 340 gr. jugo de tomate
1/2 cm. cebolla o deshidratado
1 cucharada agua

1 paquete caldo de res
1/2 cucharadita pimiento rojo
1/8 cucharada vinagre

Pele el pollo y hierva hasta que esté tierno. Ase la carne hasta que se dore. Deshuesar, picar y licuar el pollo en la licuadora. Cocine el jugo de tomate, el agua y la cebolla lentamente (30 minutos). Agregue el caldo, la pimienta, la carne y el vinagre. Añadir sal y pimienta al gusto. Cocine muy lento en una olla para sopa hasta que espese o use una olla de cocción lenta.

SORBETE DE MARIPOSA

2 cucharada suero de la leche
Sustituto de azúcar igual a 1/2 cucharada azúcar
1 clara de huevo
1 y 1/2 cucharadita vainilla
1/2 a 1 taza de piña triturada

Combine y mezcle bien todos los ingredientes excepto la piña. Vierta en un recipiente. Agrega piña. Congelar. Revuelva ocasionalmente hasta que esté firme.

ADEREZO DE COL

5 libras / 2250 gramos. repollo
1 tarro de pimiento
1/2 cucharadita semilla de mostaza
1 y 1/2 cucharadita semilla de apio
4 cucharadas cebollas deshidratadas
1 puntos vinagre blanco
1 cucharadita sal
Edulcorante artificial equivalente a 2 y 1/2 tazas de azúcar
1/2 cucharadita cúrcuma

Rallar o picar el repollo y el pimiento morrón. Mezcle los ingredientes restantes y caliente la mezcla. Cuando llegue a hervir, enfríe. Vierta sobre la mezcla de repollo. Almacene en frascos cubiertos o en un recipiente en el refrigerador. Mantendrá varias semanas. Sabe mejor después de que se asiente por un día.

ROLLOS DE COL

6 unidad hojas de repollo
Carne al gusto de 1/2 lb
1 cucharada. cebolla picada
1 huevo
2 rebanadas de pan blanco
Sal y pimienta al gusto
Salsa de tomate

Hervir las hojas de col en agua con sal durante 5 minutos, reservar. Mezcle carne al gusto molido, la cebolla, la sal, la pimienta, el huevo y el pan. Extienda con cuidado la hoja de col. Enrolle un pequeño rollo de mezcla de carne. Asegúrelo con un palillo. Coloque los rollos en la caldera. Vierta la salsa de tomate más una lata de agua. Cocine a fuego lento unos 45 minutos.

ENSALADA DE COL

3 cucharada repollo rallado
1 cucharadita sal
1 nabo rallado (2 onzas / 57 gramos)
1 zanahoria rallada (2 onzas / 57 gramos)
1 pimiento verde picado
1/4 cucharadita semilla de eneldo

Cubra el repollo con sal. Deje reposar durante 45 minutos. Lavar y secar bien. Drene y exprima toda el agua. Mezcle con otros ingredientes. Humedezca con un aderezo bajo en calorías.

SORPRESA DE COL

3 cucharada repollo picado

8 onzas / 227 gr Carne al gusto (crudo)
1 cucharada. cebolla picada
5 onzas / 140 gramos jugo de tomate
Sal y pimienta al gusto

Hacer el repollo hasta que esté tierno, escurra el líquido y guárdelo. Cocine la carne en una sartén rociada con Pam, escurra. Escurre la carne sobre toallas de papel. Combine los ingredientes y cocine a fuego lento durante 30 a 35 minutos. Si desea más sopa, agregue el líquido del repollo.

COL CON TOMATES

2 medianas cebolla, en rodajas
Edulcorante artificial equivalente a 1 cucharada. azúcar
1 medianas repollo rallado
1 cucharadita sal
1/2 cucharadita semillas de alcaravea
1 a 2 cucharadas vinagre
1/2 taza agua
3 unidad tomates, pelados y picados
1 cucharada. harina
Caldo

En una cacerola honda, saltee las cebollas en una pequeña cantidad de caldo. Saltear hasta que esté suave y dorado. Espolvorear con azúcar. Agregue el repollo, la sal, la alcaravea, el vinagre y el agua. Cocine a fuego lento, tapado, a fuego lento durante 30 minutos. Agregue los tomates y cocine a fuego lento, tapado por 15 minutos más. Mezcle la harina con 2 a 3 cucharadas de líquido de sartén. Haz una pasta suave. Agrega el repollo. Cocine, sin tapar, revolviendo constantemente hasta que la mezcla espese.

ENSALADA DE ZANAHORIA Y NARANJA

1 y 1/2 taza agua
4 onzas / 115 gramos. zanahorias crudas ralladas
4 onzas / 115 gramos. jugo de naranja sin azúcar
1 cucharada. gelatina sin sabor
1 cucharada. jugo de limon
Edulcorante artificial igual a 2 cucharaditas. azúcar
1/4 cucharadita sal
Hojas de lechuga

Ablande la gelatina en 1/4 taza de agua fría. Agregue sal, edulcorante y 1 1/4 tazas de agua caliente. Revuelva hasta que se disuelva. Agrega jugo de naranja y limón. Ponga a un lado para endurecer un poco. Agrega las zanahorias crudas a la gelatina y vierte en un molde. Asegúrese de que el moho se haya enjuagado con agua fría. Enfriar. Desmoldar sobre hojas de lechuga.

ENSALADA DE APIO

4 cucharada apio en rodajas, cortado en diagonal
2 cabezas de lechuga Boston
1 (12 onzas / 340 gr) De yogur
1 y 1/2 cucharada jugo de limon
1 y 1/2 cucharada Mostaza de Dijon
4 cucharadas perejil finamente picado
Sal y pimienta

Cubra y cocine el apio en una cantidad muy pequeña de agua hirviendo. Cocine por 3 minutos. Escurrir y enfriar. Organizar en tazas de lechuga. Mezcle yogur, jugo de limón, mostaza y perejil. Sazone al gusto y vierta el aderezo sobre el apio.

CAZUELA DE QUESO Y CEBOLLA

8 onzas / 227 gr cebollas. rebanado
4 onzas / 115 gramos. Queso suizo, rallado
4 huevos, ligeramente batidos
2 cucharada leche desnatada
2 cucharaditas sal
1 cucharadita pimienta
1 cucharadita polvo de ajo
4 rebanadas de pan blanco enriquecido,
desmenuzado, partidas por la mitad

Combine todos los ingredientes excepto la mitad del
pan rallado. Combine en una cazuela; mezclar bien.
Cubra la cazuela con el pan rallado restante. Hornee a
350 grados durante 25 minutos. Hornee por más
tiempo si es necesario hasta que esté completamente
cocido. Rinde 4 porciones.

TARTA DE QUESO

2 huevos
1 libra / 453 gr de queso de granjero
1/4 taza suero de leche
1 y 1/2 cucharada edulcorante artificial líquido
1 cucharada. jugo de limon
1 cucharadita vainilla
6 onzas/170 gramos. requesón
1/3 cucharada suero de la leche
1/2 cucharadita canela
1 paquete endulzante artificial

Licue los huevos, el queso Farmer's, 1/4 taza de suero de leche, luego agregue edulcorante líquido, jugo de limón y vainilla. Vierta en un plato Pyrex y hornee a 375 grados durante 15 minutos. Vierta la cobertura de crema y hornee otros 5 minutos. RELLENO: Licue el requesón, el suero de leche y la canela. Agregue edulcorante y mezcle bien.

POSTRE DE CEREZA Y PLÁTANO

2 cucharada bebida sin azúcar con sabor a cereza
1 sobre de gelatina con sabor a cereza
1 unidad plátano, pelado y en rodajas

Espolvoree gelatina sobre 1 taza de bebida. Caliente la bebida restante hasta que hierva. Combine con la mezcla de gelatina. Revuelva hasta que la gelatina se disuelva. Refrigere hasta que espese. Agregue los plátanos y enfríe hasta que estén firmes.

CENA DE POLLO AL HORNO

4 onzas / 115 gramos. pollo
1 huevo
4 onzas / 115 gramos. guisantes cocidos
1/3 cucharada leche en polvo

2 cucharadas. hojuelas de cebolla deshidratadas
2 cucharadas. pimientos verdes, cortados en cubitos
2 cucharadas. Salsa inglesa
1/2 cucharadita sal, sazonada
1/2 taza agua
2 cucharadas. pimiento picado

Combina todos los ingredientes. Hornee a 350 grados
durante 45 minutos.

HÍGADOS DE POLLO HAWAIANO

1/4 taza caldo de pollo líquido
1/2 taza apio picado
1/2 taza cebolla picada
1/2 medianas pimiento verde, en rodajas
12 onzas / 340 gr. hígados de pollo
1 cucharada tronzasos de piña
1 1/4 cucharadita sustituto del azúcar morena
1 cucharadita sal
1 cucharada. vinagre de cidra
Brotes de soja

Cocine el apio, la cebolla y el pimiento verde en una
sartén rociada Pam. Cocine a fuego medio-alto hasta
que esté crujiente, aproximadamente 5 minutos.
Agregue el hígado de pollo y cocine 10 minutos.
Agregue el hígado de pollo y cocine 10 minutos.
Revuelva con frecuencia. Agrega piña. Disuelva la sal,
el azúcar y el vinagre con 1/2 taza de agua. Agregue a
la sartén. Sirva sobre brotes de soja calientes cocidos.

PAN DE POLLO

4 onzas / 115 gramos. zanahorias crudas picadas
1 cucharada apio crudo picado
1 cucharada. cebollas deshidratadas
1 unidad lata de pimiento picado
4 cucharadas mayonesa dietética
1 y 1/2 taza agua
2 paquetes o cubos de caldo de pollo
3 sobres de gelatina sin sabor
1 cucharadita sal de ajo
2 cucharadas. mostaza
1 cucharadita pimienta con limón
1 cucharadita sal
1/2 cucharadita pimienta
16 onzas/170 gramos. pollo cocido y picado

Mezcle todos los ingredientes excepto el caldo, el agua y la gelatina. Disuelva el caldo en 1 taza de agua. Disuelva la gelatina en la 1/2 taza de agua restante. Agregue la gelatina al caldo hirviendo. Agregue a la mezcla. Vierta en un molde para pan. Refrigerar. Desmoldar, cortar en rodajas y servir.

ENSALADA DE POLLO

12 onzas / 340 gr. pollo en rodajas
1/2 taza apio picado
1/4 taza zanahorias ralladas
1/4 taza aderezo para ensaladas bajo en calorías o mayonesa
1 y 1/2 cucharadita jugo de lima
Sal y pimienta al gusto

Combine el pollo, el apio y las zanahorias. Revuelva el aderezo, el jugo, la sal y la pimienta. Vierta sobre la mezcla de pollo, revolviendo para cubrir bien.

ESTOFADO DE POLLO

4 pechugas de pollo guisadas
1 lata (6 onzas/170 gramos) de champiñones
1/2 medianas repollo, picado
2 medianas cebollas picadas
Sal, pimienta y ajo al gusto
1 (12 onzas / 340 gr) De jugo de tomate

Para guisar el pollo, cubrir con agua y presionar durante 15 minutos. Retire el pollo del agua, agregue los champiñones, el repollo y la cebolla. Agregue sal, pimienta y ajo al gusto. Agregue jugo de tomate y pollo picado. Cocine a fuego lento durante aproximadamente 1 hora.

BARRA DE CHOCOLATE

1/2 taza piña triturada, en su propio jugo, escurrida
1 sobre chocolate sin azúcar (chocolate sin azúcar)

Mezcle los ingredientes. Haz una bandeja de papel de aluminio del tamaño de una barra de chocolate grande. Vierta los ingredientes en una sartén y congele. Cuando esté congelado, rómpalo en tronzasos.

ROLLO DE CREMA DE CHOCOLATE

1 paquete chocolate ALBA
2 huevos
1/2 cucharadita crema tártara
1 y 1/2 cucharadita vainilla
1 paquete edulcorante suave
1/2 taza zumo de frutas
1 sobre de gelatina sin sabor

1/2 taza leche desnatada evaporada
2 cucharadas. jugo de limon
1 cucharadita vainilla

Licue el ALBA, los huevos, el crema tártara y el
bicarbonato de sodio. Agregue 1 y 1/2 cucharadita de
vainilla y edulcorante bajo. Mezclar en la licuadora.
Mezclar hasta que esté suave. Vierta en una bandeja
para hornear pequeña forrada con papel encerado.
Hornee a 350 grados durante 15 a 20 minutos. Frio.
Coloque sobre un paño de cocina ligeramente
húmedo. Retire con cuidado el papel encerado. Frio.
Unte con relleno de crema y enrolle al estilo "Jelly-
roll". Coloque el rollo en el congelador para guardarlo.
Retirar del congelador unos minutos antes de servir.
Rodaja. RELLENO DE CREMA: Mezcle jugo de frutas,
gelatina y leche. Agregue jugo de limón, agregue 1
cucharadita de vainilla.

BUDÍN DE CHOCOLATE

1/3 cucharada leche desnatada Alba chocolate
1 huevo
3/4 taza agua
Vainilla al gusto
Cáscaras de tarta

Mezclar los ingredientes. Cocine hasta que espese.
Sirva en tartaletas.

COLE NAVIDAD SLAW

1/2 cabeza de col verde
1/4 cabeza de repollo
1/3 cucharada cebollas picadas
1/3 cucharada pimientos verdes picados
1/2 taza mayonesa dietética
1 cucharadita sal
2 cucharaditas endulzante artificial
1/4 cucharadita pimienta
1 cucharadita vinagre
1 cucharadita jugo de limon

Triturar el repollo, picar las cebollas y los pimientos.
Mezclar con otros ingredientes.

GELATINA DE ARÁNDANOS

4 cucharada arándanos frescos
1/4 taza agua fría
20 paquetes endulzante ligero
1 cucharadita extracto de vainilla
1 y 1/2 taza agua

1 sobre de gelatina sin sabor

Combine las bayas, 1 y 1/2 tazas de agua, vainilla y edulcorante. Combine en una cacerola grande. Llevar a hervir. Cocine a fuego lento durante 10 minutos o hasta que todas las bayas revienten. Espolvoree gelatina en 1/4 taza de agua para ablandar. Disuelva en la mezcla de arándanos caliente. Vierta en un molde y enfríe hasta que cuaje.

SALSA CREMA

1 caja de coliflor congelada o fresca
1 lata (4 onzas / 115 gramos) De tallos y tronzasos de champiñones
1/2 cucharadita hojuelas de cebolla
1/2 cucharadita polvo de ajo
Sal y pimienta al gusto

Cocine la coliflor en agua como se indica. Ponga en la licuadora, usando el agua en la que está cocido. Agregue los champiñones usando el agua en la que están empaquetados. Agregue hojuelas de cebolla, ajo en polvo, sal y pimienta. Mezclar hasta que esté suave.

DULCE DE AZÚCAR DE CHOCOLATE CREMOSO

4 cucharadas mantequilla dietética
1/4 taza reemplazo de azúcar morena
1/4 cucharadita café instantáneo
1 sobre y 1/2 cucharadita. gelatina sin sabor
1/4 taza refresco de dieta con sabor a crema
2/3 cucharada leche en polvo sin grasa
1 y 1/3 taza Queso ricotta
1 cucharada. extracto de chocolate
1/2 cucharadita vainilla
2 cucharaditas edulcorante artificial (líquido)
1/2 cucharadita colorante alimentario marrón
2 paquetes manzanas secas

Coloque la margarina en una cacerola pequeña sobre agua caliente para que se derrita. Cierne el azúcar morena y el café muy lentamente en la margarina. Revuelva constantemente. Suaviza la gelatina con soda. Agregue leche en polvo descremada. Agregue unas gotas más de refresco si es necesario. La mezcla debe quedar como una pasta. Combine la mezcla de gelatina con la mezcla de margarina. Revuelva constantemente sobre agua caliente hasta que esté bien mezclado. Combine queso, extractos, edulcorantes y colorantes alimentarios. Mezclar bien. Incorpora la mezcla de gelatina y margarina a la mezcla de ricotta. Vierta en un molde de 8 x 8 x 2 pulgadas (20 x 20 x 5 cm). Refrigera 2 horas. Congele para obtener un dulce de azúcar más firme. 20 cuadrados.

HAMBURGUESAS CRUJIENTES

Carne al gusto de 1 libra / 453 gr
1 lata (16 onzas/170 gramos) de brotes de soja,
escurridos
1 cucharada. Salsa inglesa
1 cucharadita sal
1 cucharadita jengibre
1/2 cucharadita ajo
1/4 cucharadita pimienta

Combina todos los ingredientes. Divida la mezcla en 4
porciones iguales. Ase sobre una rejilla hasta que se
enfríe.

SALMÓN DELICIOSO

6 onzas/170 gramos. salmón
1 cucharada. pimiento verde picado
1/4 cucharadita hojuelas de cebolla
1/4 cucharadita Rábano picante
1 a 2 cucharadas aderezo francés dietético
3 onzas / 85 gramos . queso suizo
6 rodajas de tomates

Mezcle bien los primeros 5 ingredientes y divídalos en
tercios. Unte sobre 3 rebanadas de pan tostado.
Agregue 1 onza de queso y dos rodajas de tomate.
Coloque debajo de la parrilla hasta que el queso
burbujee.

ASADO DE PESCADO DIABLO

1 cucharadita hojuelas de cebolla deshidratadas
1/4 cucharadita Salsa roja picante
1/2 cucharadita Salsa inglesa
1/2 cucharadita salsa de soja
8 onzas / 227 gr filete de pescado crudo
1 cucharada. mostaza preparada
1/2 cucharadita perejil, fresco, picado

Combine todos los ingredientes excepto el pescado.
Mezclar bien. Cepille ambos lados del pescado. Ase
hasta que el pescado se desmenuce fácilmente con un
tenedor.

PIZZA DIETA

1 onza / 28 gramos . pan
2 onzas. / 56 gramos . queso
1/4 taza champiñones, en rodajas
Pizca de ajo en polvo
Pizca de orégano
Salsa de tomate o salsa de tomate (opcional)

Ponga los champiñones sobre una tostada y cúbralos con queso. Espolvorea con condimentos. Ase en el horno hasta que el queso esté caliente y burbujeante.

DIP PARA DIETER

1 (8 onzas / 227 gr) De requesón
1 (6 a 7 onzas) de atún blanco, empacado en agua
3 cucharadas pimiento picado
2 cucharaditas Cebolla rayada
Sal y pimienta al gusto

Licue el requesón hasta que quede suave y terso. Use licuadora o batidora eléctrica. Escurrir y desmenuzar el atún. Combine con requesón y condimentos.

VESTIMENTA PARA DIETER

1 lata (10.5 onzas / 140 gramos) de sopa de tomate, sin diluir
1/2 taza vinagre de estragón
1 tallo de apio, cortado
1 diente de ajo
1 cucharadita pimenton
1 medianas pepinillo en vinagre

6 ramitas de perejil
1 cucharada. Salsa inglesa
1 cucharadita mostaza preparada

Coloque todos los ingredientes en una licuadora en el orden indicado. Tape y deje correr a velocidad alta hasta que las verduras estén picadas.

ENSALADA DE ATÚN DILLY

1 lata (20 onzas/565 gramos) de tronzasos de piña
1 lata (6 onzas/170 gramos) de atún, escurrido
1 cucharada pepinos, en rodajas
1/3 cucharada mayonesa de imitación
1/2 cucharadita sal sazonada
1/4 cucharadita semilla de eneldo

Escurre la piña, reservando 2 cucharadas de jugo. Mezcle todos los ingredientes excepto las semillas de eneldo. Cubra una ensaladera con hojas verdes crujientes. Agregue los ingredientes mezclados anteriores. Espolvorea con semillas de eneldo.

ENSALADA DE GUISANTES DIPPIN

1 medianas pera

1/2 taza requesón
1 cucharadita concentrado de jugo de naranja,
descongelado
1 a 2 cucharadas leche desnatada

Corta la pera en gajos. Coloque el requesón y el jugo
de naranja en la licuadora. Licue hasta que quede
suave, agregando leche según sea necesario. La
mezcla debe quedar muy espesa. Vierta en un plato
pequeño. Use rodajas de pera para recoger la mezcla
de requesón. Rinde 1 ensalada.

ENSALADA DE HUEVO

3 huevos duros
3 onzas / 85 gramos . requesón
1 cucharadita mostaza
1 cucharada. cebolla picada
1 cucharada. cubos de eneldo
Sal loca
Pimienta
Apio finamente picado

Picar los huevos finamente. Mezclar todo junto. Hace
el almuerzo para dos. Bueno en sándwich con tomate.
Varíe los condimentos a su gusto.

PUDÍN DE FRUTAS Y PAN

3 rebanadas de pan blanco enriquecido
1 y 1/2 medianas plátanos, pelados y en rodajas
1/2 taza duraznos en rodajas con jugo
1/2 taza arándanos
1/2 taza reemplazo de azúcar morena
1/2 cucharadita canela molida
1/3 cucharada agua
1/2 cucharadita extracto de plátano
1/2 cucharadita extracto de brandy
Nuez moscada rallada (opcional)

En una bandeja para hornear, tueste el pan a 325 grados hasta que se seque. Corta las tostadas en cubos. Combine las tostadas en cubos y las frutas. Disuelva el azúcar moreno y la canela en agua. Agrega extractos. Vierta sobre la mezcla de frutas, voltee con una espátula hasta que esté bien cubierto. Deje reposar 5 minutos. Voltee de nuevo, raspando los lados del tazón. Coloque la mezcla en una cacerola para horno de un cuarto de galón. Hornee sin tapar durante 30 minutos. Sirva caliente con un poco de nuez moscada rallada. Rinde 3 porciones.

ENSALADA DE POLLO FRUTADO

3 onzas / 85 gramos . requesón mezclado
2 cucharadas. leche desnatada
1 cucharada. vinagre de cidra
2 cucharaditas Cebolla rayada

1 cucharadita sal
1 medianas pera verde, en cubos
1 medianas manzana, en cubos
1 cucharada apio picado
Hojas de lechuga

Mezcle el apio, la manzana, la pera, el pollo y la sal
hasta que quede suave. Agregue la cebolla, el vinagre,
la leche y el queso y revuelva. Sirve sobre hojas de
lechuga. Rinde 3 sándwiches.

BRÓCOLI CON HIERBAS

1/2 taza agua
1 paquete caldo de pollo instantáneo y mezcla de
condimentos
2 cucharada lanzas de brócoli
1/2 cucharadita Mejorana
1/2 cucharadita albahaca
1/4 cucharadita cebolla en polvo
Pizca de nuez moscada
1 cucharada. margarina
2 cucharaditas jugo de limon

Combine la mezcla de agua y caldo. Agregue el
brócoli, espolvoree con condimentos. Tape, deje
hervir, cocine a fuego lento 6 minutos hasta que estén
tiernos. Drenar. Dividir en platos. Cubra con
margarina y jugo de limón. 2 porciones.

FILETES DE PESCADO CON HIERBAS

1 libra / 453 gr de filetes
1/2 cucharadita sal
Una pizca de ajo en polvo
1/4 onzas / 115 gramos champiñones picados
escurridos
1/8 cucharadita tomillo molido
1/2 cucharadita cebolla en polvo
Pizca de pimienta negra
1/2 cucharadita perejil seco
1 cucharada. leche en polvo sin grasa
1 cucharada. agua
1/2 cucharadita jugo de limon

Espolvoree el pescado con sal y ajo en polvo. Mezcle
los ingredientes restantes y esparza sobre el pescado.
Hornee a 350 grados durante 20 minutos, hasta que
el pescado se desmenuce con un tenedor.

SANDWICH DE CARNE CON CARA ABIERTA CALIENTE

1 cucharada. caldo liquido
1 libra / 453 gr de carne molida magra

1 cucharada pimiento verde picado
1 cucharada cebolla picada
1 cucharada salsa de tomate dietética
2 cucharadas. mostaza preparada
Edulcorante artificial equivalente a 1 cucharadita.
azúcar
1 cucharada. vinagre
Pan tostado

Dore la carne en caldo. Mientras tanto, prepara la
mezcla de verduras. Combine los ingredientes
restantes. Puede prepararse con anticipación para
permitir que los condimentos se mezclen. Agregue la
mezcla de verduras a la carne. Encienda el fuego a
fuego lento y cocine a fuego lento cubierto durante 30
minutos. Tostar el pan y echar la mezcla con una
cuchara.

PATATAS AL HORNO DE IMITACIÓN

1 Paquete coliflor congelada
1 paquete de caldo de pollo instantáneo
1 cucharadita perejil fresco picado
1 cucharada. leche desnatada
1 cucharada agua

Disuelva el caldo en agua, agregue la coliflor y cocine.
Coloque en la licuadora con otros ingredientes. No
mezcle demasiado.

LIMÓN - MOLDE PIÑA

1 sobre de gelatina de limón
1 sobre de gelatina de lima
1 cucharada suero de la leche
1 cucharada requesón
1 y 1/2 taza agua hirviendo
1 y 1/2 taza piña machacada

Disuelva la gelatina en agua hirviendo. Mezcle el queso y el suero de leche en la licuadora hasta que quede suave. Vierta en la mezcla de gelatina. Agrega la piña triturada. Deje reposar en el refrigerador hasta que esté firme.

ENSALADA CONGELADA DE MARY JO

2 sobres de gelatina sin sabor
1 pomelo, pelado y cortado
1 cucharada agua hirviendo
1 cucharada gaseosa de jengibre dietética
1/2 taza jugo de limon
2 sobres edulcorante bajo
4 cucharaditas vinagre
1/2 cucharadita sal
2 cucharada repollo rallado

Ablandar la gelatina en jugo de limón. Agregue agua hirviendo revolviendo para disolver la gelatina. Agregue ginger ale dietético, edulcorante bajo, vinagre y sal. Deje enfriar. Cuando comience a espesar, agregue la toronja y el repollo.

PASTEL DE CARNE

Carne al gusto de 1 libra / 453 gr
1 cucharada leche desnatada evaporada
1 cucharada. hojuelas de cebolla deshidratadas
1/2 cucharadita sal
1/4 cucharadita pimienta
1/4 cucharadita mostaza seca
1/4 cucharadita sabio
1/8 cucharadita sal de ajo
1/2 taza apio picado
1 cucharada. Salsa inglesa

Combine todos los ingredientes y forme una hogaza. Hornee en una rejilla a 350 grados durante 1 a 1 y 1/2 horas.

CENA MEXICANA

8 onzas / 227 gr hamburguesa molida (o ternera)

1/3 cucharada pimiento verde picado
1/4 cabeza de repollo
1/2 taza cebolla
1 cucharada jugo de tomate
Sal y pimienta al gusto
1 cucharadita chile en polvo

Cocine la carne y el pimiento verde en una sartén. En la licuadora, licúa el repollo y la cebolla. Escurre la mezcla de repollo. En una cacerola, ponga el jugo de tomate, el repollo y las mezclas de ternera. Añadir sal y pimienta al gusto. Agrega el chile en polvo. Cocine hasta que el repollo esté listo.

PASTEL DE FRUTAS

1/3 cucharada leche desnatada instantánea
1/4 taza jugo de naranja helado
1/2 manzana, sin corazón y picada
3/4 taza grosellas rojas
2 cucharaditas jugo de limon
1/4 cucharadita canela
1/8 cucharadita extracto de arce
1/8 cucharadita vainilla
Edulcorante artificial equivalente a 6 cucharaditas. azúcar
2 onzas. / 56 gramos . pan tostado y rallado

Precalentar el horno a 350 grados. Combine la leche y el jugo de naranja en un tazón grande. Batir hasta que esté rígido con la mano o con una batidora. Incorpore los ingredientes restantes. Forre el molde para pan con papel encerado. Vierta los ingredientes en la sartén y hornee por 1 hora. Retirar y enfriar completamente. Dividir por la mitad.

SIGUIENTE - DÍA TURQUÍA Y ARROZ

1 huevo, ligeramente batido
1/2 taza ARROZ cocido enriquecido
2 onzas. / 56 gramos . pavo cocido
1/2 medianas pimiento verde picado
1 onza / 28 gramos . Cebolla picada
3/4 cucharadita glutamato monosódico (opcional)
1/4 cucharadita salsa de soja
Pizca de sal de ajo

Cocine el huevo en una sartén antiadherente a fuego medio. Cocine hasta que esté completamente cocido. Cortar en tronzasos pequeños. Agrega todos los ingredientes restantes; mezclar bien. Cocine hasta que esté completamente caliente. Rinde 1 porción.

DIP DE CEBOLLA

6 onzas/170 gramos. requesón
2 1/2 cucharadas jugo de limon
2 cucharadas. suero de la leche
Una pizca de hojuelas de cebolla
1/2 cucharadita sal de ajo
Pastel para colorear para lucir

Licue hasta que esté cremoso. Sirva con palitos de apio o coliflor cruda.

POLLO FRITO CON CEBOLLA

1 asador (cortado de 2 1/2 a 3 libras)
1 cucharadita sal
1/2 cucharadita pimienta
2 cebollas, peladas y en rodajas
1/2 taza agua

Piel de pollo. Coloque el pollo en una sartén antiadherente. Espolvoree con sal y pimienta y coloque la cebolla encima. Tape, cocine a fuego lento durante 30 minutos. Incline la tapa para que el líquido se evapore. Continúe cocinando durante 20 minutos o hasta que estén tiernos. Coloque el pollo en una fuente. Regrese las cebollas, agregue agua, cocine hasta que espese.

BARRA DE CERDO ORIENTAL - B - QUE

2 libras (900 gramos). loncha de jamón central fresca
6 cucharadas salsa de soja
1/2 cucharadita polvo de ajo
2 cucharaditas aroma de jerez
1/2 taza salsa de tomate
1/4 taza de agua

Elimina la grasa. Mezcle la salsa de soja, el ajo, el jerez y la salsa de tomate. Vierta sobre la carne en una sartén plana. Deje reposar tapado en el frigorífico durante 3 horas. Escurre la marinada y vierte en una cacerola pequeña. Agrega agua y calienta. Coloque la carne debajo del asador o parrilla. Cocine hasta que se dore. Sirva la salsa Bar-BQ caliente con carne.

VERDURAS ORIENTALES

Brócoli fresco
Calabaza amarilla
Calabacín calabaza
Cebollas
Pimiento morrón
Jengibre

Polvo de ajo
Salsa de soja
Hongos (opcional)
Berenjena (opcional)

Rocíe una sartén de teflón con Pam. Tapar y sofreír unos minutos. Agregue la salsa de soja, baje el fuego y cocine a fuego lento durante unos 20 minutos.

NUESTRO "MOUSSAKA"

1 cucharada berenjena, pelada y en rodajas muy finas
1/2 cucharadita sal
1/2 cucharadita pimienta
1/4 cucharadita orégano
6 onzas/170 gramos. carne molida, asada y desmenuzada
1 medianas tomate, en rodajas
1 cucharada. aceite vegetal
1 rebanada de pan blanco enriquecido, desmenuzado

Coloque la berenjena sobre una bandeja para hornear. Espolvorea con sal, pimienta y orégano. Hornee a 350 grados durante 10 minutos, volteando una vez.
Coloque la mitad de la carne en una fuente para hornear. Unte la mitad de la berenjena sobre la carne. Coloque la mitad del tomate sobre la berenjena. Repetir. Espolvoree aceite encima. Espolvoree el pan rallado sobre la cazuela. Cubrir. Hornee por 15 minutos o hasta que esté completamente caliente.

COLIFLOR PARMESANA

1 cabeza de coliflor
Una pizca de queso parmesano

Cocine la coliflor en agua hirviendo unos 15 minutos.
Retirar del agua y escurrir. Dividir en florecitas. Cubra
con queso parmesano.

PIMIENTOS DE PLÁTANO EN ESCURCHE

1/2 taza agua
1 cucharada vinagre
Edulcorante artificial a = 1 taza de azúcar

Mezclar y llevar a ebullición. Vierta sobre los aros de
pimienta empaquetados en el frasco.
Aproximadamente 1 cuarto de galón.

LA OKRA EN ESCABECHE

Ajo, 1 diente por cada frasco
Pimiento picante, 1 por cada frasco
Semilla de eneldo, 1 cucharadita. por cada frasco
1 cuarto de galón vinagre blanco o sidra de manzana
1 cucharada agua
1/2 taza sal

Coloque el ajo y la pimienta en el fondo de los frascos de medio litro calientes. Empaque firmemente con vainas de quingombó jóvenes limpias. El extremo del vástago debe estar abierto. Agrega semillas de eneldo. Después de envasar los frascos, hierva el agua, el vinagre y la sal. Cocine a fuego lento unos 5 minutos y vierta mientras está caliente sobre la okra. Selle inmediatamente. Establecer 8 semanas.

CHULETAS DE CERDO DE PIÑA

6 chuletas de cerdo
6 aros de piña (enlatados en su propio jugo)
1/2 taza jugo de piña
1/4 cucharada sustituto del azúcar morena
1/4 cucharadita canela

Una pizca de hojas de romero
1 cucharada apio cortado en tiras
1 pimiento verde cortado en tiritas

Quite toda la grasa de la carne. Dore la carne por
ambos lados en una sartén rociada con Pam. Retire las
chuletas. Limpiar la sartén de toda la grasa. En una
sartén, mezcle el jugo de piña y el sustituto de azúcar.
Agrega la canela y el romero. Pon las chuletas en la
sartén. Espolvorear con sal y pimienta. Agregue el
apio y cubra. Cocine a fuego lento unos 30 minutos.
Agrega las tiras de pimiento verde. Coloque los aros
de piña en cada chuleta. Tape y cocine unos 10
minutos más. Coloque las chuletas en una fuente para
servir. Coloque las tiras de piña y pimiento encima.
Vierta el jugo con una cuchara. Adorne con perejil.

PUDÍN DE PIÑA

3/4 taza leche desnatada en polvo
1 huevo
30 gotas de edulcorante líquido
1 cucharadita vainilla
1 unidad lata de piña triturada, escurrida, pero ahorra
jugo

Agregue suficiente agua al jugo de piña para hacer 1/2 taza. Mezcle todo excepto la piña y cocine hasta que esté casi espeso. Agregue la piña y continúe cocinando hasta que espese.

ENSALADA DE PAtatas

2 paquetes. coliflor
1/2 taza apio picado
2 cucharadas. cubos de ensalada de eneldo
1 cucharada. pimiento picado
1 cucharada. pimiento morrón picado
2 cucharadas. mostaza
1 cucharada. vinagre
2 cucharadas. mayonesa dietética
Edulcorante, sal y pimienta al gusto.

Cocine la coliflor. Mezcle todos los ingredientes. Mejor si puede dejar enfriar unos minutos antes de comer.

PAN DE CALABAZA

1/2 taza calabaza
1 onza / 28 gramos . pan
2/3 cucharada leche desnatada en polvo seca
2 huevos
3 paquetes de edulcorante artificial
1/2 cucharadita bicarbonato de sodio
1/4 cucharadita crema tártara
1/2 cucharadita canela
1/4 cucharadita nuez moscada
1/4 cucharadita jengibre
1/8 cucharadita clavos de olor
1/2 cucharadita cáscara de naranja rallada

Mezcle todos los ingredientes en un tazón con batidora eléctrica hasta que quede suave. Vierta en un molde para pan rociado Pam. Hornee a 350 grados durante 30 a 45 minutos.

SÁNDWICH DE CARNE ASADA

3 onzas / 85 gramos . rosbif, cortado en cubitos
2 cucharadas. apio picado
1/8 cucharadita cebollino picado
1/2 cucharada jugo de limon
1/2 medianas tomate, picado
1/2 cucharadita sal
1/4 cucharadita pimienta

1 cucharadita mayonesa dietética
2 rebanadas de pan fino
Lechuga

Combine todos los ingredientes excepto el pan y la lechuga. Mezclar bien. Unte sobre una rebanada de pan. Cubra con lechuga y el pan restante.

PUFFS DE SALMÓN O ATÚN

8 onzas / 227 gr salmón o atún, escurrido
1 cucharada leche desnatada
1/2 taza champiñones, en rodajas
1/4 taza pimiento verde o pimiento picado
Sal y pimienta para probar
2 huevos, separados

Combine pescado, leche desnatada, champiñones y pimiento verde. Hornee a 375 grados. Mientras tanto, bata las claras de huevo con una pizca de sal hasta que estén firmes. Batir las yemas de huevo, convertir las claras en yemas poco a poco. Vierta sobre la mezcla caliente y vuelva al horno por otros 20 minutos.

PASTEL DE CARNE

6 onzas/170 gramos. rosbif cocido, en cubos
Sal de mantequilla
Pimienta
1 cucharada. cebolla deshidratada
2 cubos de caldo de res
3 a 4 onzas / 115 gramos Puré de coliflor

Disuelva el caldo en suficiente agua para hacer una salsa. Ponga todo en una fuente para horno pequeña, cubra con coliflor. Hornee a 350 grados. Hornee hasta que esté completamente caliente y la coliflor esté dorada.

HUEVOS SKILLET

1/4 taza jugo de tomate
1/8 cucharadita pimienta
2 huevos
1/4 cucharadita sal
1/4 cucharadita perejil

En una sartén, combine todos los ingredientes excepto los huevos. Revuelva a fuego moderado hasta que la mezcla hierva. Añadir los huevos uno a la vez. Cocine a fuego moderado rociando con jugo de tomate. Rocíe hasta que los huevos estén listos. Aproximadamente 4 minutos.

SENTIMENTALOIDE

1 lata de ginger ale sin azúcar
1/4 taza jugo de piña sin azúcar
cubitos de hielo Licue hasta que esté fangoso. Puede
agregar extracto de ron.

ENSALADA DE PESCADO DE APIO DEL SUR

6 cucharada apio en rodajas finas
1/2 taza med en rodajas cebolla
1/2 taza mayonesa dietética
1 cucharadita sal
1/4 cucharadita pimienta
2 libras (900 gramos). filete de lenguado o platija,
cocido, en tronzasos y refrigerado
1 y 1/2 taza secciones naranjas

Combine todos los ingredientes excepto el pescado y
la naranja. Mezclar bien. Agregue el pescado y la
naranja, mezcle ligeramente. Sirve sobre hojas de
lechuga. Adorne con rodajas de tomate y rosas de
rábano si lo desea.

ESPAGUETIS

12 onzas / 340 gr. jugo de tomate
1 unidad lata de champiñones, tallos y tronzasos
Sal al gusto
Ajo al gusto
Orégano al gusto
Copos de cebolla deshidratados
1 unidad pimiento verde cortado en cubitos
2 latas de brotes de soja

Cocine todos los ingredientes en una cacerola tapada. Cocine hasta que la mezcla espese. Agregue los brotes de soja; cocine a fuego lento 10 minutos. La salsa generalmente tendrá mejor sabor después de pasar la noche en el refrigerador.

HABAS ESPAÑOLAS

1 unidad tarro de pimiento
1/4 cucharadita hojuelas de cebolla
2 cucharadas. sólidos de leche desnatada
1/2 taza caldo de pollo
1 paquete (9 onzas / 255 gramos) judías verdes congeladas a la francesa

Cocine a fuego lento los pimientos, las hojuelas de cebolla y la leche desnatada. Cocine a fuego lento en el caldo de pollo durante 10 minutos. Agregue los frijoles congelados, tape y cocine hasta que estén cocidos. No cocine demasiado los frijoles.

TWIST DE MANZANA PICANTE

1 unidad manzana
2 rebanadas finas de pan blanco
Mezcla de canela y edulcorante bajo

Pelar, quitar el corazón y cortar la manzana en cuartos. Enrolle el pan muy fino. Corta las costras. Espolvoree el pan con canela y la mezcla edulcorante bajo. Corta cada rebanada de pan en 4 tiras. Junta 2 tiras con un poco de agua. Ahora forma 2 tiras. Envuelva brad alrededor de la rodaja de manzana. Espolvorea generosamente con canela y edulcorante bajo. Coloque en una sartén rociada Pam. Hornee a 450 grados durante 10 a 15 minutos.

ENCURTIDOS SQUASH

2 libras (900 gramos) de calabaza
4 unidad cebollas
1/4 taza sal
2 cucharada vinagre

1 cucharadita semilla de apio
1 cucharadita cúrcuma
1 cucharadita semilla de mostaza
Edulcorante dietético equivalente a 2 tazas de azúcar

Cubra la calabaza, la cebolla y la sal con agua fría.
Deje reposar 2 horas. Drenar. Mezcle todos los
ingredientes y deje reposar 2 horas más. Llevar a
ebullición durante 5 minutos y envasar en frascos
calientes.

PIE DE CHIFFON DE FRESA

1 cucharada piña triturada, sin azúcar
12 fresas
1 paquete Gelatina de fresa O-Zenta
7 paquetes. endulzante artificial
1 cucharada leche desnatada evaporada, refrigerada
1 cucharada. jugo de limon
1 y 1/2 cucharadita vainilla
1 cucharadita extracto de almendra

Pon a hervir la piña. Agregue las fresas, la gelatina y
el edulcorante. Revuelva hasta que la gelatina se
disuelva. Batir la leche y el jugo de limón en un tazón
frío hasta que esté espumoso. Agregue los extractos y
bata hasta que estén firmes. Agregue la mezcla de
gelatina lentamente a la leche batida. Póngalas en un
molde para pastel de 10 pulgadas y refrigérelas.
Adorne con fresas adicionales.

CUADRADOS FRUTAS FRESAS

2 sobres de gelatina dietética de fresa
1 cucharada agua hirviendo
1 cucharada piña triturada, en su propio jugo
1 plátano maduro, finamente cortado en cubitos
6 onzas/170 gramos. yogurt natural
1 sobre edulcorante bajo

Disuelva la gelatina en agua hirviendo. Agregue el jugo escurrido de la piña con agua fría. Suficiente agua fría para igualar 1 taza de líquido. Agrega piña y plátano. Vierta 1/2 en un tazón de 1 cuarto de galón. Enfríe hasta que esté firme. Unte uniformemente con yogur natural mezclado con sustituto de azúcar. Coloque el tazón en el congelador durante 30 minutos hasta que el yogur esté más firme. Vierta la gelatina restante, con mucho cuidado, encima. Enfríe hasta que esté firme. Cortar en cuadrados.

FRESA - PRAMGE DELIGHT

1/2 taza jugo de naranja sin azúcar
24 fresas sin azúcar

Edulcorante artificial equivalente a 2 cucharaditas.
Azúcar

Mezcle en la licuadora y congele hasta que esté firme.

Repollo dulce y amargo

4 cucharada repollo rallado
3 onzas / 85 gramos . jamón
2 cucharadas. azúcar morena artificial
1 cucharada. harina
1/4 taza agua
1/3 cucharada vinagre
1 unidad Cebolla rebanada
2 dientes
Sal y pimienta para probar

Cocine el repollo en agua hirviendo con sal
aproximadamente 7 minutos. Agregue el azúcar y la
harina a una pequeña cantidad de caldo; mezcla.
Agregue 1/4 taza de agua, vinagre y condimentos.
Cocine hasta que espese. Agregue la cebolla, el jamón
cortado en cubitos y el repollo. Calentar bien.

COLIFLOR DULCE Y AMARGO

1 cucharada coliflor fresca, tronzasos pequeños
1 cucharada agua hirviendo
1/2 cucharadita sal
1 cucharada. reemplazo de azúcar morena
2 cucharaditas jugo de limon
1 cucharadita margarina

Coloque la coliflor, el agua y la sal en una cacerola. Cocine tapado a fuego medio. Cocine durante 10 minutos o hasta que apenas estén tiernos. Drenar. Combine el reemplazo de azúcar morena, jugo de limón y margarina. Combine en una taza de crema pastelera sobre agua caliente. Cuando esté mezclado, vierta sobre la coliflor.

TACOS

5 onzas / 140 gramos ternera molida cruda (también se puede utilizar carne magra)
1 cucharadita chile en polvo
1 cucharadita cebolla deshidratada
1/4 cucharadita sal
1/4 cucharadita cebolla en polvo
1/4 cucharadita pimenton
Una pizca de salsa picante roja
1 onza / 28 gramos . pan (1 rebanada)
1/2 taza lechuga rallada
1 cucharada. aderezo de pimiento
1 frasco (7 onzas / 200 gramos) de pimiento morrón, escurrido
2 cucharadas. vinagre
2 cucharadas. mostaza preparada
Edulcorante artificial equivalente a 4 cucharaditas. azúcar

Dore la carne en una sartén rociada con Pam. Agregue los condimentos y cocine 5 minutos. Retire la carne de la sartén. Tostar el pan ligeramente. Unte la mezcla de carne sobre la mitad de la rebanada. Doblar y sujetar en su lugar con un palillo. Combine la lechuga y el aderezo de pimiento morrón. Cubre el taco. Rinde 1 porción. Aderezo de pimiento: combine el pimiento, el vinagre y la mostaza. Agrega edulcorante. Mezclar hasta que esté suave. Conservar en el frigorífico y utilizar como se desee. Rinde 1 taza.

ADEREZO MIL ISLAS

4 onzas / 115 gramos. jugo de tomate
2 cucharadas. vinagre
1/4 taza pimiento verde finamente picado
1 cucharadita Salsa inglesa
1/2 cucharadita sal
1/2 cucharadita mostaza seca
Sal de ajo al gusto
3 cucharadas pepinillo encurtido finamente cortado en cubitos
3 cucharadas pimiento morrón finamente picado
2 cucharaditas perejil finamente picado
1/4 cucharadita sustituto de azúcar líquido

Licue y guarde en el refrigerador. Úselo según sea necesario.

ATÚN A LA REY

1 lata (3 onzas / 85 gramos) de atún
2 onzas. / 56 gramos . leche desnatada
Sal y pimienta
1/2 cm. lata de champiñones (tallos y tronzasos)
Pan tostado

Escurre los champiñones y colócalos en la licuadora.
Agregue la leche y los condimentos y haga puré '.
Calentar en una cacerola con el atún. Vierta sobre las
tostadas.

CAZUELA DE ATÚN

1 (6 onzas/170 gramos) De atún escurrido
2 onzas. / 56 gramos . queso rallado
1 huevo
1 cucharada espárragos
2 costillas de apio picadas

Combina todos los ingredientes. Hornee en una sartén
ligeramente engrasada a 350 grados hasta que se
seque.

ENSALADA DE ATÚN

2 onzas. / 56 gramos . atún, escurrido
2 cucharadas. Aderezo bajo en calorías Thousand Island
1 tallo de apio picado
1 huevo duro
3 onzas / 85 gramos . requesón

Mezclar todos los ingredientes y servir sobre hoja de lechuga o pan.

ENSALADA DE PAVO Y PATATA

4 onzas / 115 gramos. pavo o pollo cocido, tronzasos del tamaño de un bocado
1 (3 onzas / 85 gramos) De papa hervida, picada
1 cucharada. mayonesa
1 cucharadita pimiento picado
1/2 cucharadita hojuelas de perejil deshidratado

1/2 cucharadita nuez moscada
1/2 cucharadita sabio
1/4 cucharadita sal
Pizca de pimienta
Hojas de lechuga

Combine todos los ingredientes excepto la lechuga;
mezclar bien. Enfriar. Sirve sobre hojas de lechuga.
Rinde 1 porción.

CAZUELA DE TURQUÍA

1/2 taza fideos cocidos y enriquecidos
4 onzas / 115 gramos. pavo cocido, tronzasos
pequeños
1/2 taza judías verdes, divididas
1/4 taza champiñones enlatados en rodajas
1 onza / 28 gramos . cebolla morada picada
1 cucharadita pimiento picado
1/4 cucharadita nuez moscada
1/4 cucharadita sal
2 cucharadas. leche desnatada

Combine los fideos, el pavo, 1/4 taza de judías verdes
y los champiñones. Agregue la cebolla, el pimiento
morrón, la nuez moscada y la sal. Vierta en una
fuente para hornear. En la licuadora, combine las
judías verdes restantes y la leche. Mezclar hasta que
quede suave. Agregue la salsa de judías verdes a la
cazuela. Mezclar bien. Hornee a 350 grados durante
20 minutos. 1 porcion.

GUISADO DE TERNERA - PENDIENTE

2 libras (900 gramos) de ternera, cortada en cubos
12 onzas / 340 gr. jugo de tomate
1 paquete guisantes congelados
1 paquete Judías verdes a la francesa
1 paquete rodajas de calabacín
1 cucharada. cebollas picadas
1 cucharada. azúcar moreno granulado (gemelo)
Ajo en polvo, sal y pimienta al gusto
1/2 cucharadita canela

Dore la carne en una sartén ligeramente engrasada.
Combine con jugo de tomate, cebolla, sal y pimienta.
Cocine a fuego lento hasta que la carne esté tierna o
cocine a presión unos 10 minutos. Agregue las
verduras congeladas y cocine a fuego lento hasta que
las verduras estén cocidas. Agregue ajo en polvo,
sustituto de azúcar morena y canela. Para 6.

ENSALADA MIXTA DE VELVIA

1/2 cabeza de lechuga picada
2 rodajas de piña, en su propio jugo
4 onzas / 115 gramos. pollo cortado en cubitos
1 huevo cocido
4 rábanos, cortados en cubitos
1/2 medianas cebolla, cortada en cubitos
1 cucharada. mayonesa dietética

Combine todos los ingredientes y mezcle bien.

SALSA DE TOMATE ZIPPY

12 tomates maduros, picados en tronzasos grandes
2 cebollas grandes, picadas en tronzasos grandes
2 pimientos morrones o 5 pimientos plátanos dulces,
picados en tronzasos grandes
2 cucharada vinagre
Edulcorante artificial equivalente a 2 tazas de azúcar
2 cucharadas. sal

Mezcle todos los ingredientes y cocine a fuego lento
unas 2 horas.

MACARRONES CON QUESO

1/2 taza leche desnatada sin grasa
1 onza / 28 gramos . queso
1 onza / 28 gramos . pan
Sal y pimienta al gusto
Pizca de pimentón
Una pizca de mostaza
Una pizca de cayena
1 huevo, separado

Caliente la leche (no hierva), agregue queso, pan y condimentos. Tan pronto como el queso se derrita, retire del fuego. Agrega las yemas de huevo batidas. Batir las claras hasta que estén firmes y doblar hacia adentro. Hornear a 350 grados durante 25 minutos hasta que se doren.

COCKTEL DE ALBONDIGAS

2 libras (900 gramos). hamburguesa
1 medianas Cebolla picada
1 cucharada migajas de galleta
1/2 taza leche desnatada
2 huevos
Una pizca de ajo en polvo
Sal y pimienta para probar

--SALSA--
1 y 1/2 taza salsa de tomate

1/3 cucharada vinagre
1/4 taza mostaza amarilla
Sustituto de azúcar morena equivalente a 3/4
cucharada azúcar morena

Mezcle los ingredientes. Enrolle en bolas del tamaño
de una nuez y colóquelas en una fuente para hornear
de 9 x 13 pulgadas. Debería poder colocar 6 bolas a lo
ancho en una fuente para hornear y 10 bolas a lo
largo. Salsa: Mezclar en una taza medidora de vidrio.
Vierta sobre las albóndigas y hornee a 350 grados
durante 1 hora. Rinde alrededor de 60 albóndigas.

ALMUERZO CAZUELA

--SALSA BLANCA--
4 a 6 cucharadas. harina
2 cucharada Leche
1 unidad lata de atún (cangrejo, salmón o 3 tazas de
pollo cocido), cortado en cubitos
1 y 1/2 taza apio picado
1 unidad tarro de pimiento
1/2 taza pimiento verde picado
1/2 taza almendras laminadas
4 huevos duros
1 cucharadita sal
1 caja de champiñones frescos
1/2 taza Miga de pan seco

Sofría el apio y los pimientos en ½ taza. de margarina. Prepara salsa blanca. Ponga pescado o pollo, apio, pimiento, pimiento, nueces, huevos y champiñones. Vierta la salsa blanca sobre la cazuela. Cubra con pan rallado. Hornee en horno a 350 grados durante 50 minutos. Rinde 10 porciones generosas.

CAcEROLA REUBEN

1 paquete (16 onzas/170 gramos) chucrut de la sección del refrigerador
2 cucharada queso suizo rallado
1/4 taza Aderezo mil islas
2 medianas tomates, en rodajas
1/4 taza pan de centeno seco
 migas (2 o 3 rodajas)
1 lata (12 onzas / 340 gr) De carne de maíz, partida en unidad piezas
1/2 taza mayonesa ligera
1 cucharadita Mostaza holandesa
2 cucharaditas margarina derretida

Coloque el chucrut en una cazuela de 1 y 1/2 cuarto de galón. Cubra con carne en conserva y luego queso rallado. Combina mayonesa y Thousand Island. Unte sobre el queso. Cubra con tomates. Dejar de lado. Calienta la margarina en el microondas durante 1 minuto hasta que se derrita. Agrega el pan rallado a la margarina. Espolvoree las migas con mantequilla sobre las rodajas de tomate. Cocine en el microondas sobre el asado de 12 a 14 minutos hasta que esté completamente caliente. Deje reposar 5 minutos antes de servir.

FILETE SUIZO

1 y 1/2 libra / 680 grs bistec redondo magro
2 cucharadas. harina
1/2 cucharadita sal sazonada
1/8 cucharadita pimenton
Spray vegetal para cocinar
1/2 taza caldo de carne
1/2 taza jugo de vegetales (V-8)
1/4 cucharadita tomillo seco
1 medianas Cebolla rebanada
2 zanahorias, cortadas en tiras finas
2 tallos de apio, cortados en tiras finas
1 unidad puerro, cortado en tiras finas (opcional)
1 cucharada. perejil

Corta el bistec en tronzasos del tamaño de una porción. Recorta la grasa. Combine la harina, la sal y el pimentón. Empape el bistec en la mezcla de harina. Libra el bistec con mazo. Cubra la sartén con aceite en aerosol. Ponga la sartén a fuego medio hasta que esté caliente. Dore el bistec por ambos lados. Retirar y escurrir sobre papel toalla. Limpie la grasa de la sartén de la sartén con una toalla de papel. Combine el caldo, el jugo de vegetales y el tomillo en una sartén. Deje hervir y vuelva a poner la carne en la sartén. Agrega la cebolla. Cubrir; reduzca el fuego y cocine a fuego lento durante 1 hora. Al final de la hora, agregue el apio, las zanahorias y el puerro. Cocine a fuego lento, sin tapar, durante 15 minutos hasta que las verduras estén tiernas. Espolvorea con perejil. Rinde 6 porciones.

CALABACIN RELLENO DE PAVO

4 medianas calabacín, cortado a la mitad a lo largo
1 libra / 453 gr de pavo molido
1/4 taza Cebolla picada
1 diente de ajo picado
1 cucharada. margarina
1 unidad tomate, picado (1/2 taza)
1 cucharada. perejil picado
1/2 cucharadita sal
1/4 cucharadita albahaca
1/8 cucharadita pimienta

1/2 taza nuez crujiente (pepitas de cereal o Grapenuts)
1 envase (8 onzas / 227 gr) De yogur natural bajo en grasa

Retire la pulpa del calabacín; picar y reservar. Hierva las cáscaras de calabacín en agua hirviendo para cubrirlas durante 1 minuto. Escurrir y colocar en una fuente para hornear poco profunda. Saltee el pavo, la cebolla y el ajo en margarina en una sartén durante 2 minutos. Agregue la pulpa picada, el tomate, el perejil, la sal, la albahaca y la pimienta.

Saltee unos 5 minutos más o hasta que el calabacín esté tierno. Agregue el cereal y 1/2 taza de yogur. Vierta con una cuchara en las conchas. Hornee a 350 grados durante 10 a 15 minutos o hasta que las cáscaras estén tiernas. Sirva con el yogur restante. Espolvoree con perejil picado adicional, si lo desea. Rinde 4 porciones.

BERENJENA LO - CAL

1 berenjena
1 cebolla
queso parmesano
Sal
Pimienta

Pelar la berenjena y cortarla en cubitos en agua hirviendo con sal. Corta la cebolla en el agua también; cocine unos 20 minutos. Escurrir y mezclar con queso, sal y pimienta al gusto.

TORTA DE RUIBARBO DE BAJA CALIDAD

1 cucharada harina
1/2 taza mantequilla u aceite
5 cucharadas azúcar en polvo
1/8 cucharadita sal
2 huevos
1 y 1/2 taza sustituto de azúcar
1/4 taza harina
3/4 cucharadita Levadura en polvo
3 cucharada ruibarbo

Corteza: Mezcle 1 taza de harina, mantequilla, azúcar en polvo y sal. Coloque en un molde para pastel de 12 x 7 x 1/2 pulgadas. Hornea 10 minutos a 375 grados. Retirar del horno y enfriar un poco. Relleno: Mezcle huevos, sustituto de azúcar, 1/4 taza de harina, levadura en polvo y ruibarbo. Cubre la corteza con esta mezcla. Hornee de 35 a 40 minutos a 375 grados.

ZANAHORIAS PENNY DE COBRE

2 libras (900 gramos). zanahorias, limpias y en rodajas finas
1 pimiento verde, en rodajas finas
1 medianas cebolla, en rodajas finas
Sal y pimienta al gusto

--SALSA--
1/4 taza aceite para ensalada
1 cucharadita Salsa inglesa
1 lata (10 onzas / 285 gramos) de sopa de tomate, sin diluir
1 cucharadita mostaza amarilla
1/2 taza vinagre
20 paquetes iguales

Cocine las zanahorias en una sartén tapada en 1/2 pulgada de agua, 8 minutos después de que haya comenzado a hervir (para que las zanahorias estén tiernas pero aún crujientes). Enjuague con agua fría para dejar de cocinar. En un tazón, alterna las capas de verduras. Salsa: Hierva los ingredientes de la salsa, revolviendo ocasionalmente. Retírelo del calor.

Deja enfriar por unos minutos. Agregue 20 paquetes iguales. Poner en la licuadora y licuar. Vierta la salsa sobre las verduras mientras aún estén calientes. Frio. Refrigere por lo menos 12 horas antes de servir. Se mantendrá en el frigorífico varias semanas en un recipiente de plástico tapado. Para servir, use una espumadera.

PERAS DULCAMENTE ESCALFADAS

6 medianas peras maduras (alrededor de 2 libras (900 gramos))
5 cucharada jugo de uva blanco sin azúcar
1/4 taza jugo de limon fresco
1 vaina de vainilla, partida a lo largo
1 pulgada (2,5 centimetros) entera de canela en rama
1/4 taza Pasas doradas

Pelar las peras, dejando los tallos. En una sartén mediana, caliente los jugos, la vaina de vainilla y la ramita de canela a fuego lento. Agrega las peras. Cocine a fuego lento de 25 a 30 minutos, sin tapar, dando vuelta a las peras de vez en cuando, hasta que estén tiernas al pincharlas con un cuchillo. Retire las peras con una espumadera. Reduzca el almíbar de 30 a 35 minutos a 1 y 1/2 tazas. Cepa.

Agregue las pasas y el almíbar a temperatura ambiente. Sirva las peras en tazones pequeños de vidrio para compota. Coloque las pasas y el almíbar sobre y alrededor de las peras. Rinde 6. Por porción: 187 calorías, 48 g de carbohidratos, 1 g de proteína, trazas de grasa, 3 g de sodio. Cambios: 3 frutas. Colesterol: 9 mg por ración.

PASTEL DE QUESO DE CHOCOLATE

Margarina para sartén
15 onzas / 425 gramos parte de queso ricotta de leche desnatada
1 y 1/2 taza (12 onzas / 340 gr) De queso crema ligero, ablandado
1 huevo entero
2 claras de huevo
1 cucharada concentrado de jugo de manzana sin azúcar
3 cucharadas cacao sin azúcar
1 cucharada. maicena
1 cucharada. azúcar
1 cucharadita extracto de vainilla
2 cucharaditas cacao sin azúcar (para cubrir)

Precalentar el horno a 350 grados. Engrase ligeramente el fondo y los lados de un molde con forma de resorte de 9 pulgadas. Envuelva el exterior del molde con papel de aluminio. En el tazón de un procesador de alimentos o licuadora, haga puré con todos los ingredientes hasta que quede suave. Hágalo en 2 lotes, si es necesario.

Con una espátula de goma, raspe la mezcla en el molde preparado. Coloque en una bandeja para hornear. Hornea 45 minutos. Apague el horno. Dejar en el horno con la puerta cerrada durante 1 hora. Retirar y refrigerar. Antes de desmoldar y servir, déjelo reposar a temperatura ambiente durante 10 minutos. Tamiza 2 cucharaditas de cacao sin azúcar por encima.

Cortar con un cuchillo que se haya calentado en agua caliente. Para 12 porciones: 167 calorías, 16 g de carbohidratos, 8 g de proteína, 8 g de grasa, 220 mg de sodio. Intercambios: 1 fruta, 1 carne mediana en grasa, 1/2 grasa. Colesterol: 50 mg por ración.

PASTEL DIABÉTICO DE NUECES

1 y 1/2 barra de margarina
2 cucharadas. edulcorante (o al gusto, normalmente pongo más)
1 cucharada dátiles picados o pasas
1 y 1/2 taza salsa de manzana sin azúcar
1 cucharada nueces, picadas
1/2 cucharadita canela
1/2 cucharadita clavos de olor
1 cucharadita vainilla
2 cucharaditas soda
2 cucharada más 2 cucharadas. harina para todo uso

Tenga margarina a temperatura ambiente. Mezcle la margarina, el puré de manzana, el endulzante, la harina tamizada, la soda, el clavo y la canela. Ponga nueces, pasas o dátiles en un tazón y agregue unas cucharadas de la mezcla de harina; revuelva hasta que las nueces y la fruta estén cubiertas. Mezclar bien y hornear en un molde para tubos. Cubra el fondo del molde con papel encerado. Este pastel sabe a pastel de frutas.

PASTEL DE ZANAHORIA

Margarina y harina para sartén
1 y 1/2 taza harina para todo uso
1/4 taza harina de trigo integral
1 cucharadita Levadura en polvo
1/2 cucharadita bicarbonato de sodio
1/2 cucharadita canela molida
1/2 cucharadita Jengibre molido
1/4 cucharadita sal
1/2 taza aceite vegetal
6 cucharadas azúcar
2 huevos
1/4 taza concentrado de jugo de piña sin azúcar
1 cucharadita extracto de vainilla
1 cucharada zanahorias ralladas
1/2 taza Pasas doradas
1/2 taza piña triturada, sin azúcar, escurrida

Precalentar el horno a 350 grados. Engrase y enharine un molde para pan de 9 x 5 x 3 pulgadas (23 x 12 x 7,5 centimetros). En un tazón, mezcle las harinas, el polvo de hornear, el bicarbonato de sodio, la canela, el jengibre y la sal. En un segundo tazón, mezcle el aceite, el azúcar, los huevos, el jugo de piña y la vainilla. Agregue el líquido a los ingredientes secos hasta que quede suave. Revuelva las zanahorias, las pasas y la piña. Raspar en la sartén preparada. Hornea de 35 a 40 minutos hasta que al insertar un palillo en el centro del bizcocho salga limpio. Deje enfriar en una sartén sobre una rejilla durante 1 hora. Desmoldar el bizcocho y el hielo con Glaseado de Queso Crema. Córtelo en rodajas de 1/2 pulgada para servir. Porciones 18. Por porción: 142 calorías, 19 g de carbohidratos, 2 g de proteína, 7 g de grasa, 87 mg de sodio. Intercambios: 1 almidón, 1 grasa. Colesterol: 30 mg por ración.

CREMA DE QUESO GLASEADO

8 onzas / 227 gr queso crema ligero, temperatura ambiente
5 cucharadas concentrado de jugo de piña sin azúcar
1/2 cucharadita extracto de vainilla
1/2 cucharadita ralladura de naranja finamente rallada

En un tazón, mezcle todos los ingredientes hasta que quede suave. Rendimiento: Aproximadamente 1 1/4 tazas. Por porción: 46 calorías, 3 g de carbohidratos, 2 g de proteína, 3 g de grasa. 96 mg de sodio. Cambios: 1 grasa. Tamaño de la porción: 1 y 1/2 cucharadas. Colesterol: 10 mg por ración.

FECHA TARTA DE CAFÉ

1/3 cucharada puré de plátano, puré de plátano maduro con un tenedor
1/2 taza margarina, ablandada
3 unidad huevos
1 cucharadita extracto de vainilla
1 1/4 taza agua
3 cucharada harina blanca sin blanquear
1 cucharadita bicarbonato de sodio
2 cucharaditas Levadura en polvo
1 y 1/2 taza dátiles picados

--ALIÑO--
1/3 cucharada dátiles picados
1/3 cucharada nueces picadas
1/3 cucharada copos de coco

Batir el plátano triturado y la margarina hasta que quede cremoso. Agrega los huevos, la vainilla y el agua; derretir. Mida la harina, el bicarbonato de sodio y el polvo de hornear. Golpea bien. Revuelva 1 y 1/2 tazas de dátiles picados. Con una cuchara, coloque la masa en un molde para hornear de 9 x 13 pulgadas (23 x 33 cm)engrasado y enharinado. Extienda la masa uniformemente en la sartén. Combine los ingredientes de la cobertura y espolvoree sobre la masa. Hornee en horno a 350 grados durante 20 a 25 minutos o hasta que al insertar un cuchillo, éste salga limpio. Dejar enfriar sobre una rejilla. Para 10 porciones.

MUFFINS DE ARÁNDANOS

1 cucharada harina para todo uso, tamizada
1 y 1/2 cucharadita Levadura en polvo
1/2 cucharadita sal (opcional)
1 y 1/2 cucharadita o 2 paquetes. Igual
1/2 taza leche desnatada
1 huevo o 1/4 cucharada Batidora de huevos
2 1/2 cucharadas manteca derretida
1/3 cucharada arándanos frescos o congelados

Precaliente el horno a 425 grados. Rocíe los moldes para muffins con spray vegetal antiadherente. Tamice la harina, el polvo de hornear y la sal. Batir Equal y huevo juntos. Agregue la leche y la manteca derretida. Incorpora la mezcla de harina. Agregue los arándanos hasta que estén mezclados. La masa estará ligeramente grumosa. Dividir en latas. Hornee de 20 a 25 minutos o hasta que esté listo.

MUFFINS DE SALVADO AL MICROONDAS

1 cucharada salvado
1 cucharada suero de la leche
1 plátano bien triturado
1 huevo
1/4 taza aceite
1/4 taza miel
1 cucharada harina de trigo integral
1 cucharadita bicarbonato de sodio
Pizca de sal
2 cucharadas. margarina
2 cucharadas. miel

Mezcle los primeros 9 ingredientes. Coloque en un molde para muffins para microondas. Microondas 3 1/2 minutos. Mezcle los 2 últimos ingredientes. Vierta cada muffin con una cuchara y vuelva a colocar en el microondas durante 1 minuto. Hace 12.

PIE DE CREMA DE BANANA PECAN

1 cucharada migas de galleta sin azúcar
1/4 taza nueces pecanas finamente picadas
2 cucharadas. margarina, ablandada

--RELLENO--
1 y 3/4 taza leche desnatada
1/4 taza concentrado de jugo de manzana sin azúcar
1/4 taza maicena
4 cucharaditas azúcar
1 cucharadita extracto de vainilla
Pizca de sal
2 cucharadas. margarina
2 medianas plátanos, en rodajas
1/4 taza migas de galleta sin azúcar
1/4 taza nueces picadas

Para hacer la corteza: Mezcle las migas de galleta, las nueces y la margarina en un tazón. Presione en un molde para pastel de 9 pulgadas. Deje enfriar 30 minutos. Para hacer el relleno: En una cacerola, caliente todos los ingredientes del relleno, excepto la margarina, hasta que hierva a fuego medio, batiendo hasta que quede suave (unos 10 minutos). Reduzca el fuego y cocine a fuego lento durante 1 minuto. Pasar a un bol. Incorpora las 2 cucharadas de margarina restantes hasta que no queden grumos. Cubra con papel film y deje enfriar a temperatura ambiente. En un molde para pastel preparado, coloque los plátanos en rodajas en 1 capa. Batir el relleno enfriado y verter uniformemente sobre los plátanos. Mezcle las migas de galleta restantes y las nueces y espolvoree sobre el relleno. Deje enfriar durante 1 hora antes de servir. Sirve de 8 a 12. Por porción: 172 calorías, 22 g de carbohidratos, 3 g de proteína, 11 g de grasa, 146 mg de sodio. Intercambios: 1 almidón, 1/2 fruta, 2 grasas. Colesterol: 0 mg por ración.

PIE DE LIMA LLAVE DIABÉTICA

1 lata (13 onzas / 370 gramos) De leche desnatada evaporada
2 cucharaditas vainilla
2 envases gelatina simple
1/3 cucharada jugo de lima, colar si está fresco
1 cucharada agua hirviendo
20 paquetes. Igual
Ralladura de 3 limas, corteza rallada

Colorante alimentario verde

Combina la leche y la vainilla. Congela por 30 minutos. Combine la gelatina y el jugo en una licuadora. Deje reposar durante 1 minuto. Agregue agua hirviendo e igual; mezclar hasta que esté suave. Enfríe unos 45 minutos. Coloque la leche congelada en un tazón pequeño frío y bata la leche congelada hasta que esté rígida. Incorporar la ralladura de lima. Agregue lentamente la mezcla de gelatina a la leche batida. Vierta con una cuchara en 2 moldes para pastel cocidos o puede usar una fuente para hornear de 9 x 13 pulgadas. Adorne con rodajas de limón y ralladura. Rinde 16 porciones. Vea la receta para la corteza de pastel para diabéticos a continuación

----

CORTEZA DE PIE DIABÉTICA

20 galletas Graham, trituradas
4 cucharadas aceite, derretido
2 paquetes. Igual
1/4 de cáscara de limón (opcional)

Tritura las galletas y agrega Igual. Agrega aceite. Poner en platos para tarta y palmear. Ponga en el frigorífico durante 1 hora para que se enfríe. Rinde 2 masas de pastel (9 pulgadas / 22 centímetros) o 1 masa de fuente para hornear (9 x 13 pulgadas).

PIE SIN AZÚCAR DE LECHE

1 unidad lata de leche evaporada
3 huevos
1 cucharada. maicena
15 paquetes iguales

Combine los ingredientes y bata ligeramente. Agregue UNO de los siguientes: 2 cucharada peras ralladas y especias 2 unidad manzanas ralladas y especias 2 cucharada melocotones rallados y especias 1 y 1/2 cucharada copos de coco y 1 cucharadita. vainilla 1 lata de calabaza y especias 2 cucharada calabaza y especias cocidas, escurridas y trituradas

--TOPPING PARA SQUASH Y CALABAZA--
1/2 taza copos de cereales triturados
1/4 taza Coco
1/4 taza nueces picadas
1/2 barra de mantequilla

Vierta los ingredientes de la tarta en una base grande para tarta sin hornear. Hornee en la rejilla inferior del horno a 350 grados durante 30 a 35 minutos. Para la cobertura de calabaza o calabaza: mezcle y espolvoree sobre el pastel. Hornee en la rejilla superior durante los últimos 10 minutos.

SORPRESAS DE COCO

3 onzas / 85 gramos . queso crema
3/4 cucharadita edulcorante artificial líquido
1/4 cucharadita cáscara de naranja rallada
1/4 cucharadita cáscara de limón rallada
1 cucharadita nueces picadas
1/4 taza coco rallado húmedo sin azúcar

Trabajar el queso crema con una cuchara hasta que esté suave y esponjoso. Mezcle bien el edulcorante junto con las cáscaras de frutas ralladas y las nueces. Forme 12 bolas de aproximadamente 1 pulgada de diámetro. Enrolle el coco y refrigere. Rinde 12 galletas.

GOTAS DE FECHA

2 huevos batidos
1/3 cucharada margarina
1/2 dátiles negros, finamente cortados
1 y 1/2 taza cereal de ARROZ crujiente
1/2 taza nueces picadas
1 cucharadita vainilla

Combine huevos, margarina y dátiles. Cocine a fuego lento, revolviendo constantemente. Hervir 2 minutos. Retirar del fuego y agregar el cereal, las nueces y la vainilla. Frio. Forme bolas. Rinde 42 galletas.

CUADRADOS BUTTERSCOTCH

1/2 taza margarina dietética
Edulcorante no nutritivo equivalente a 2 cucharada azúcar morena
1 cucharadita extracto de vainilla
1/2 taza nueces picadas
1/2 taza huevos (2 medianas)
1 y 1/2 taza harina
2 cucharaditas Levadura en polvo

Precalentar el horno a 350 grados. Cocine la margarina y el edulcorante juntos hasta que quede suave. Deje enfriar a tibio. Agregar los huevos y batir bien. Agregue la harina, el polvo de hornear, la vainilla y las nueces. Unte en un molde de 9 x 12 x 2 pulgadas que haya sido ligeramente engrasado. Hornea 1/2 hora. Cortar en cuadrados de 1 1/4 x 1 1/4 de pulgada. Espolvorear con azúcar granulada no nutritiva; Genial. Rendimiento: 70 cuadrados.

BROWNIES

1 cucharada harina para pastel
1/2 cucharadita sal
1 cucharadita Levadura en polvo
2 cucharadas. cacao
1 onza / 28 gramos . chocolate derretido
1/2 taza leche desnatada
1/4 taza manteca vegetal
3 huevos
1/2 taza sustituto de azúcar
1/2 taza nueces, molidas o en rodajas

Tamizar juntos los primeros 3 ingredientes. Vierta el chocolate derretido sobre la manteca vegetal y mezcle bien. Batir los huevos hasta que estén espesos y de color limón. Agregue un sustituto de azúcar; agregue la mezcla de chocolate y parte de los ingredientes secos. Batir y agregar la mezcla seca restante, alternativamente con la leche. Doblar en nueces. Unte en 2 moldes (de 8 pulgadas) engrasados y forrados con papel. Hornee a 325 grados durante 17 a 20 minutos. Hace 64 barras (1 x 2 pulgadas).

COOKIES DE FECHA

1 cucharada Pasas
1/2 taza dátiles picados
1 cucharada agua

2 huevos
1/4 taza margarina
1 cucharada. sustituto de azúcar líquido
1 cucharadita vainilla
1/4 cucharadita canela
1 cucharada harina
1 cucharadita bicarbonato de sodio

Combine en una cacerola las pasas, los dátiles y el agua. Hervir 3 minutos; revuelva constantemente. Frio. Batir los huevos, la margarina, el sustituto de azúcar líquido y la vainilla. Tamice la canela, la harina y la soda. Agregue los ingredientes secos a la mezcla cremosa. Batir bien y dejar enfriar durante varias horas. Deje caer de una cucharadita a una bandeja para hornear engrasada. Hornee a 350 grados durante 10 a 12 minutos. Rendimientos: 48 (2 pulgadas) galletas.

GALLETAS DE ESPECIAS PARA DIABÉTICOS

1 1/4 taza agua
1/3 cucharada acortamiento
2 cucharada pasas o grosellas
2 cucharaditas canela

1 cucharadita Levadura en polvo
1/2 cucharadita nuez moscada
2 cucharada harina (aproximadamente)
2 huevos
1/2 cucharadita sal
1 cucharadita soda
1 cucharada. endulzante artificial

Combine agua, manteca vegetal, pasas, canela y nuez moscada. Hervir durante 3 minutos. Frio. Agregue los huevos, uno a la vez, y agregue sal y soda. Agregue edulcorante, harina y polvo de hornear. Agregue la harina lentamente hasta que la mezcla sea fácil de colocar con una cuchara. Mezcle todos los ingredientes y colóquelos de una cucharadita en una bandeja para hornear engrasada. Hornee a 350 grados durante 8 a 10 minutos. Hace 4 docenas.

HUELLAS PULGARIAS DE ELEANOR

3/4 taza margarina, ablandada
2 cucharadas. azúcar
1 y 1/2 cucharadita Sustituto de azúcar morena DULCE 'N Low
1 huevo
1/2 cucharadita vainilla
2 cucharada harina para todo uso
1/4 cucharadita Levadura en polvo
1 cucharada. semillas de amapola
1/2 taza crema de fresa baja en azúcar

En un tazón con una batidora, bata la margarina, el azúcar y el DULCE 'N Low. Batir el huevo y la vainilla. Agregue la harina, el polvo de hornear y las semillas de amapola. Forme una bola con la masa. Cubrir; enfríe unos 30 minutos. Precalentar el horno a 350 grados. Forme 24 bolas con la masa. Coloque a 1 pulgada de distancia en una bandeja para hornear sin engrasar. Presione las huellas dactilares en el centro de las galletas para hacer una sangría profunda. Hornea unos 15 minutos. Llene cada galleta con 1 cucharadita de fresa para untar. Regrese al horno y hornee por 3 minutos. Transfiera a una rejilla y enfríe completamente. Rendimiento: 24 galletas.

GALLETAS DE AVENA SIN AZÚCAR

3/4 taza manteca vegetal
sustituto de azúcar equivalente a 1 y 1/2 cucharada azúcar (o azúcar morena gemela)
1 huevo
1/4 taza agua
1 cucharadita vainilla
3 cucharada avena cruda
1 cucharada harina
1 cucharada. sal
1/2 cucharadita soda

Precalentar el horno a 350 grados. Batir los primeros 5 ingredientes. Tamice los ingredientes secos juntos. Agregue la avena y combine todo junto. Deje caer una cucharadita en una bandeja para hornear engrasada. Hornee a 350 grados durante 12 a 15 minutos. Agregue nueces, pasas, dátiles o chispas de chocolate para variar. Rinde 60 galletas.

GALLETAS DE ENCAJE DE SÉSAMO

5 cucharadas margarina, derretida y enfriada
Sustituto de azúcar = a 3 cucharadas. azúcar
2 cucharadas. maicena
2 cucharadas. semillas de sésamo
1 cucharada. más 1 y 1/2 cucharadita. pan rallado seco
1 cucharadita extracto de vainilla

Precaliente el horno a 375 grados. En un tazón, mezcle todos los ingredientes hasta que quede suave. Deje caer una cucharadita en una bandeja para hornear, a 4 pulgadas de distancia. Hornee de 7 a 8 minutos hasta que quede dorado y de encaje. Deje que las galletas se enfríen en la bandeja para hornear fuera del horno durante 3 minutos o hasta que sean fáciles de levantar con una espátula de metal delgada sobre una rejilla para enfriar. Estos son muy delicados, así que manipúlelos con cuidado. Rinde aproximadamente 2 dz galletas. Nota: Si hace galletas pequeñas, se necesita menos tiempo de horneado. Verifique después de 5 minutos. Por porción: 68 calorías, 6 g de carbohidratos, trazas de proteínas, 5 g de grasa, 44 mg de sodio. Intercambio: 1/2 fruta, 1 grasa. Tamaño de la porción: 2 galletas. Colesterol: 0 mg por ración.

MEZCLA DE FIESTA

1/2 taza margarina
1 cucharadita polvo de ajo
2 cucharada pretzels sin sal
2 cucharada ARROZ inflado
2 cucharada trigo rallado del tamaño de una cuchara
2 cucharada cacahuetes sin sal

Precaliente el horno a 250 grados. Derrita la margarina en una sartén o wok. Agregue el ajo en polvo, revuelva, luego agregue los ingredientes restantes y mezcle. Sirva caliente. Rinde 2 cuartos. Varíe los cereales, eligiendo los que no contengan sal.

Se pueden usar nueces y pacanas en lugar de cacahuetes, ya que un puñado de cacahuetes tiene 500 calorías. También se puede agregar 1 taza de pasas, pero omita el ajo en polvo. Mezcle para hornear un total de 45 minutos. Revuelva dos veces durante ese período de tiempo.

Calabacín diabético - muffins de albahaca

2 huevos
3/4 taza Leche
2/3 cucharada aceite
2 cucharada harina
Sustituto de azúcar = a 1/4 cucharada azúcar
1 cucharada. Levadura en polvo
1 cucharadita sal
2 cucharada calabacín rallado
2 cucharadas. albahaca picada
1/4 taza Queso parmesano rallado

Batir los huevos en un tazón. Agregue la leche y el aceite. Combine la harina, el azúcar, el polvo de hornear y la sal. Mezcle los ingredientes secos en la mezcla de huevo hasta que la harina se humedezca. La masa no debe quedar completamente lisa. Mezcle suavemente el calabacín y la albahaca. Llene las tapas de muffins engrasadas aproximadamente 3/4 de su capacidad. Espolvorea con queso. Hornee a 425 grados durante 20-25 minutos. Retirar de la sartén. rinde de 10 a 18 muffins dependiendo del tamaño del molde.

PASTEL DIABÉTICO

2 cucharada agua
2 cucharada Pasas
1 cucharada salsa de manzana sin azúcar
2 huevos
2 cucharadas. edulcorante liquido
3/4 taza aceite
1 cucharadita bicarbonato de sodio
2 cucharada harina
1 1/4 cucharadita canela
1 cucharadita vainilla

Cocine las pasas en agua hasta que se absorba toda el agua. Mezcle la compota de manzana, el edulcorante, los huevos y el aceite. Luego agregue todos los demás ingredientes y revuelva. Verter en un molde tubular engrasado y enharinado. Hornee a 350 grados hasta que esté probado con un palillo de dientes.

FECHA DIABÉTICA - TARTA DE NUEZ

1 cucharada mantequilla o margarina
1 cucharada. Sucaryl
1 huevo
1 cucharada dátiles, finamente cortados en cubitos
1 y 1/2 taza o 2 unidad latas de puré de manzana
para diabéticos
1 cucharada nueces, picadas en tronzasos grandes
1 cucharadita canela
1/2 cucharadita clavos de olor
1 cucharadita vainilla
2 cucharada harina
2 cucharaditas soda

Batir la mantequilla, añadir el huevo, el sucryl y la
vainilla batida. Tamice los ingredientes secos y
agréguelos a la otra mezcla. Batir a velocidad media
hasta que esté bien mezclado. Convierta en un molde
para pan untado con mantequilla y hornee a 350
grados durante 1 hora.

COOKIES DE FECHA PARA DIABÉTICOS

1 cucharada Pasas
1/2 taza fechas
1 cucharada agua
2 huevos
1/2 taza margarina
3 paquetes de edulcorante Equal
1 cucharada harina común
1 cucharadita soda
1 cucharadita canela

Hervir las pasas, los dátiles y el agua durante 3 minutos; Genial. Crema de huevos, margarina e igual. Tamice la harina, la soda y la canela. Combina todos los ingredientes. Batir bien y enfriar varias horas o toda la noche. Deje caer cucharaditas en una bandeja para hornear engrasada. Hornee a 350 grados durante 10 minutos.

PASTEL DE FRUTAS PARA DIABÉTICOS

1 libra / 453 gr de dátiles picados
1 libra / 453 gr de pasas
2 cucharada nueces picadas
1 cucharada margarina
3 plátanos maduros grandes
1 cucharadita nuez moscada
6 huevos

3 cucharada harina con levadura
1 lata (16 onzas/455 gramos) De piña triturada (en su propio jugo) (Separe la piña y el jugo, si el jugo no hace 1 taza, agregue agua)

Mezclar dátiles, pasas y nueces con harina, luego mezclar con el resto. Batir los plátanos, la nuez moscada y la margarina. Luego mezcle un huevo a la vez. Ahora agregue 2 tazas de harina y jugo de piña. Mezclar bien. Ponga en horno frío a 300 grados durante 2 1/2 horas o menos.

COOKIES DIABÉTICAS

2 medianas plátanos
1/3 cucharada aceite vegetal
1 cucharada nueces picadas
2 cucharada avena rápida
1 y 1/2 cucharadita vainilla
1 cucharada dátiles picados

Tritura los plátanos. Vierta aceite por encima. Mezclar dátiles y nueces. Agrega la vainilla y la avena. Mezclar a mano o con cuchara. Deje caer en una bandeja para hornear ligeramente engrasada con una cucharadita completa. Hornee a 350 grados durante 25 minutos hasta que esté ligeramente dorado. Retirar de inmediato a la rejilla.

COOKIES DIABÉTICAS

1/2 taza Pasas
1/2 taza fechas
1 y 1/2 taza avena rápida
1 cucharadita canela
1/4 cucharada soda
1/2 taza harina
1/2 cucharadita sal
1 huevo
1 cucharada. edulcorante líquido (NO concentrado)
1/4 taza aceite
1 cucharadita vainilla

Ponga las pasas y los dátiles en una cacerola pequeña y cubra con agua; Hervirlo. Vierta el agua y reserve. Mezcle la avena, la canela, la soda, la harina y la sal en un tazón y mezcle bien. Agregue los ingredientes secos hasta la fecha: mezcla de pasas con huevo. Mezclar y colocar en una bandeja para hornear galletas. Hornee a 400 grados aproximadamente 8 minutos. Compruebe la parte inferior de las galletas durante la cocción (a veces, la parte inferior se cocina más rápido que la parte superior).

PASTEL DIABÉTICO

2 cucharada agua
2 cucharada Pasas
1 cucharada salsa de manzana sin azúcar
2 huevos
2 cucharadas. endulzante artificial

3/4 taza aceite de cocina poliinsaturado
1 cucharadita bicarbonato de sodio
2 cucharada harina
1 y 1/2 cucharadita canela
1/2 cucharadita nuez moscada
1 cucharadita vainilla

Cocine las pasas en 2 tazas de agua hasta que el agua se evapore. Agregue puré de manzana, huevos, edulcorante y aceite de cocina. Mezclar bien.
Incorpora el bicarbonato de sodio y la harina. Agrega la canela, la nuez moscada y la vainilla. Mezclar bien.
Vierta en un molde para pasteles engrasado y enharinado de 8 x 8 pulgadas. Hornee a 350 grados durante 25 minutos o hasta que esté listo.

MEJOR GALLETA DIABÉTICA

1/2 taza dátiles, picados
1 cucharada pasas blancas picadas
1/2 taza manzanas picadas
3/4 taza nueces
1 cucharada agua
1/2 taza margarina
2 huevos batidos
3 cucharaditas edulcorante liquido
1/2 cucharadita vainilla

1 cucharadita bicarbonato de sodio
1 cucharada harina

Hervir las pasas y las manzanas en el agua durante 2 o 3 minutos y dejar enfriar. Luego agregue el resto de ingredientes; mezcla. Refrigere antes de hornear. Hornee a 350 grados.

GALLETAS DE MANTEQUILLA PARA DIABÉTICOS

2 cucharaditas edulcorante liquido
1 cucharada. manteca
1/2 taza mantequilla de cacahuete
2 huevos, ligeramente batidos
1/2 taza leche desnatada
1 cucharada harina
1/4 cucharadita bicarbonato de sodio

Derretir la manteca vegetal y la mantequilla de cacahuete. Agregue el edulcorante y los huevos y mezcle bien. Agregue la harina, alternativamente con la leche a la que se le ha agregado bicarbonato de sodio. Mezclar bien. Deje caer una cucharadita en una bandeja para hornear sin engrasar. Hornee a 375 grados durante 15 minutos. Cantidad -40. Intercambio -2 galletas = 1 leche. Calorías -2 galletas = 75.

COOKIES DIABÉTICAS

2 cucharaditas canela
1 cucharadita soda
2 huevos
1/2 taza aceite
1 cucharada copos de avena
1 cucharada Pasas
1 cucharadita nuez moscada
1/2 cucharadita Clavos de olor
1/2 cucharadita sal
1 cucharada salsa de manzana sin azúcar
1 cucharadita edulcorante liquido
1 unidad lata de piña, triturada (natural y escurrida)

Precaliente el horno a 350 grados. Mezcle los ingredientes secos y luego agregue los ingredientes restantes. Deje caer una cucharadita o una cucharada en bandejas para hornear engrasadas. Hornee por aprox. 5-10 min. Se hornean rápido, así que pruebe presionando (las temperaturas de los hornos pueden variar). Debe refrigerarse (crecen moho fácilmente, así que guárdelo en un recipiente hermético). 2 o 3 galletas pequeñas = 1 pan intercambiado. 1 o 2 galletas más grandes = 1 pan intercambiado

----

GALLETAS DE PASAS PARA DIABÉTICOS

1/4 taza leche en polvo sin grasa
1/4 taza agua congelada
1/2 taza Pasas
1/2 taza margarina
1/2 taza edulcorante igual al azúcar morena
1 huevo
1 cucharadita vainilla
1 cucharada harina
1 cucharadita canela
1/2 cucharadita bicarbonato de sodio
1/2 cucharadita sal
1 cucharada copos de avena

Batir la leche en polvo sin grasa con agua helada hasta que se formen picos rígidos (de 4 a 5 minutos). Hervir las pasas en agua durante 2 minutos, escurrir. Combine la margarina, el edulcorante igual al azúcar, el huevo y la vainilla. Batir 1 minuto a velocidad media. Agregue los ingredientes secos y el líquido de pasas. Batir 2 minutos. Agregue los copos de avena y las pasas. Incorporar la leche desnatada batida. Deje caer desde una cucharadita a 2 pulgadas de distancia sobre una bandeja para hornear sin engrasar. Hornee a 375 grados durante 15 a 20 minutos.

COOKIES DIABÉTICAS

1 y 3/4 taza harina

1 cucharadita canela
1/2 cucharadita nuez moscada
1/2 cucharadita clavos de olor
1 cucharadita bicarbonato de sodio
1/2 taza (1 barra) margarina
1/2 taza sustituto de azúcar
1 huevo
1 cucharada puré de manzana sin azúcar
1/2 taza pasas, picadas
1 cucharada Todos los brotes de salvado
1/2 taza nueces finamente picadas

Precalentar el horno a 350 grados. Tamice la harina, la canela, la nuez moscada, el clavo y el bicarbonato de sodio. En un tazón grande, mezcle la margarina, el edulcorante artificial y el huevo. Mezcle los ingredientes secos, alternando con puré de manzana. Incorpore el salvado, las pasas y las nueces; mezclar bien. Deje caer en una bandeja para hornear engrasada por cucharada. Aplanar ligeramente con un tenedor, sumergido en leche. Hornea de 7 a 8 minutos. Rinde 36 galletas. Intercambios: 1 galleta = 1 recambio de grasa y 1/2 pan. Calorías: 76 calorías por galleta.

PASTEL DIABÉTICO DE NUECES

1/2 taza mantequilla u aceite, ablandado
1 cucharada. edulcorante liquido
1 huevo
1 cucharada nueces picadas
1 cucharada dátiles picados

1 y 1/2 taza puré de manzana dietético
1/2 cucharadita canela
1/4 cucharadita clavos de olor
1 cucharadita vainilla
1 cucharadita soda
2 cucharada harina

Crema de mantequilla u aceite. Agrega el huevo, el edulcorante y la vainilla; mezclar bien. Tamice los ingredientes secos y agréguelos a la otra mezcla. Agregue los dátiles, el puré de manzana y las nueces. Después de que todo se haya mezclado, bata con una batidora a velocidad media o hasta que esté bien mezclado. Convierta en un molde para pan engrasado y enharinado y hornee a 350 grados durante casi una hora.

COOKIES DIABÉTICAS

3/4 taza acortamiento
4 cucharaditas edulcorante liquido
1 cucharada harina tamizada
1/2 cucharadita nuez moscada
1 cucharadita vainilla
2 unidad plátanos, machacados
1 cucharadita soda
1 huevo, bien batido
1/2 taza agua hirviendo
1/4 cucharadita sal
1/2 taza nueces finamente picadas
3/4 taza avena rápida
1/2 taza dátiles o pasas

Vierta agua hirviendo sobre dátiles o pasas. Deje reposar mientras mezcla otros ingredientes. Agregue la fruta y mezcle bien. Deje caer una cucharadita en una bandeja para hornear engrasada. Hornee unos 12 minutos a 375 grados.

PASTEL DIABÉTICO DE MANZANA

2 barras de aceite
2 cucharadas. edulcorante
1 y 1/2 taza puré de manzana (sin azúcar)
1 huevo
1 cucharada Pasas
2 cucharada harina
2 cucharaditas soda
1 cucharadita vainilla

Hornee en un molde para pan a 350 - 375 grados durante 45 a 60 minutos.

PASTEL DIABÉTICO BAJO EN AZÚCAR

2 cucharada Pasas doradas
2 huevos batidos
2 cucharadas. edulcorante líquido, DULCE 10
1 cucharadita soda
1 cucharadita vainilla
1/2 cucharadita nuez moscada
1 cucharada salsa de manzana sin azúcar
2 cucharada agua
3/4 taza aceite vegetal
1 y 1/4 cucharadita canela
2 cucharada harina para todo uso

Hervir las pasas en agua hasta que se absorba toda el agua y luego enfriar. Agregue puré de manzana, huevos, edulcorante líquido y aceite vegetal. Mezclar bien. Incorpora la soda, la harina, la canela, la nuez moscada y la vainilla. Mezclar bien. Vierta en un molde para tubos engrasado y hornee a 350 grados durante 50 a 60 minutos o hasta que termine la prueba. Para 20. Cada porción equivale a 1 pan, 1/2 fruta y 1 y 1/2 intercambio de grasa.

BIZCOCHO DIABÉTICO

2 cucharada harina

1/2 taza aceite de maíz
2 huevos
3 unidad plátanos maduros
1 cucharadita vainilla
1 cucharadita soda
1 y 1/2 cucharada sustituto de azúcar líquido
4 cucharadas suero de la leche
1 cucharada Pasas
1 y 1/2 taza nueces pecanas

Tamizar la harina y la soda. Agregue aceite, sustituto de azúcar y mezcle bien hasta que esté ligero. Batir los huevos y agregar el resto de ingredientes. Batir hasta que esté bien mezclado. Vierta en un molde para pan y hornee a 350 grados durante 25 minutos.

GALLETAS DE CALABAZA DIABÉTICA

1 cucharada acortamiento
1 huevo
2 cucharada harina
1/2 cucharadita nuez moscada
1 cucharadita Levadura en polvo
1 cucharada calabaza cocida
1 cucharadita vainilla
1/4 cucharadita pimienta de Jamaica
1/2 cucharadita bicarbonato de sodio
1 cucharadita canela
1 cucharada Pasas
1/2 taza nueces picadas

Remoje las pasas en agua caliente durante 5 minutos.
Drenar. Mantequilla de crema. Agrega la calabaza, el
huevo y la vainilla. Golpea bien. Mezcle los
ingredientes secos. Agregue a la mezcla de crema.
Mezclar bien. Agrega las pasas y las nueces. Deje caer
en bandejas para galletas engrasadas y presione con
un tenedor. Hornee a 350 grados durante 12 minutos.
Congélelos, de lo contrario se enmohecerán. Rinde de
3 a 4 docenas de galletas.

PASTEL DIABÉTICO DE NUECES

1 cucharada mantequilla o margarina
1 huevo
1 cucharada. edulcorante liquido
2 cucharaditas soda
1/4 cucharadita clavos de olor
1/2 cucharadita canela
1 cucharada fechas, cortadas bien
1 y 1/2 taza coba
1 cucharada nueces, rotas
1 cucharadita vainilla
2 cucharada harina

Batir la mantequilla, añadir el huevo, el edulcorante y
la vainilla. Tamice todos los ingredientes secos.
Agregue puré de manzana, dátiles y nueces.

HELADO DIABÉTICO

1/4 taza queso crema
2 cucharaditas leche desnatada
Edulcorante equivalente a 1/4 taza. azúcar en polvo
1/4 cucharadita sal
1/2 cucharadita vainilla
Colorante alimenticio

Crema de queso y leche a fondo. Agrega edulcorante,
sal y vainilla. Agregue colorante al final, si lo desea.
Rinde 1/3 taza de glaseado.

PASTEL DE CAFÉ CON FECHA DIABÉTICA

1/3 cucharada Platanos machacados
1/2 taza manteca
3 unidad huevos
1 cucharadita extracto de vainilla
1 1/4 taza agua
3 cucharada Harina sin blanquear
1 cucharadita bicarbonato de sodio

2 cucharaditas Levadura en polvo
1 y 1/2 taza dátiles picados

--ALIÑO--
1/3 cucharada dátiles picados
1/3 cucharada nueces picadas

1/3 cucharada copos de coco

Batir los plátanos triturados y la mantequilla hasta que estén cremosos. Agrega los huevos, la vainilla y el agua. Batir y medir la harina, el bicarbonato de sodio y el polvo de hornear. Agregue 1 y 1/2 taza de dátiles. Coloque la masa en un molde para hornear de 9x13 pulgadas engrasado y enharinado y extienda uniformemente. Combine la cobertura y espolvoree sobre la masa. Hornee a 350 grados durante 20-25 minutos o hasta que un cuchillo salga limpio. Déjelo enfriar sobre una rejilla.

PASTEL DE MANZANA DIABÉTICA

1 barra de margarina, derretida y enfriada
1 y 1/2 taza salsa de manzana sin azúcar
1 huevo batido
2 cucharada harina con levadura
1 cucharadita soda
1/2 cucharadita canela
1/4 cucharadita clavos de olor
1/2 cucharadita sal
2 cucharaditas edulcorante igual al azúcar
3 cucharaditas sabor a limón
1 y 1/2 taza pasas, picadas y enharinadas
1/2 taza nueces picadas

Mezcle la margarina, el puré de manzana y el huevo.
Tamice la harina, la soda, las especias y la sal.
Agregue el azúcar gemelo; agregar a la mezcla y
calentar bien. Agregue el sabor a limón. Incorporar las
pasas y las nueces. Verter en un molde tubular bien
engrasado y enharinado. Hornee en horno
precalentado a 350 grados durante 30 minutos. No
hornee en exceso.

COOKIES DIABÉTICAS

1 barra de margarina
1/4 taza Leche
1 bloque de chocolate sin azúcar
1 caja de dátiles molidos (opcional)
1 caja de pasas picadas
1 cucharada nueces picadas
1/2 taza mantequilla de cacahuete
1 cucharadita edulcorante liquido
3 cucharada avena de cocción rápida
1 cucharadita vainilla

Cocine la margarina, la leche y el chocolate durante 1
minuto. Revuelva mientras cocina. Agregue pasas,
nueces, mantequilla de cacahuete, edulcorante, avena
y vainilla. Mezclar con las manos. Enrolle en bolas del
tamaño de una nuez. Rinde 40 galletas de 120
calorías cada una. No hornear. Puede estar congelado.

GALLETAS DE DIETA PARA DIABÉTICOS

1 2/3 cucharada harina común
1 cucharadita soda
1/2 cucharadita sal o sustituto de la sal
2 cucharaditas especias para tarta de manzana
1 cucharada margarina dietética
6 cucharadas o 6 paquetes de azúcar sustituido (como
DULCE 'N Low)
1 cucharadita vainilla
1 huevo
1 cucharada salsa de manzana sin azúcar
2/3 cucharada Pasas
1 cucharada Todo cereal de salvado

Tamice la harina, la sal, los refrescos y las especias.
Batir la margarina, el sustituto de azúcar, la vainilla y
el huevo hasta que se mezclen. La mezcla será áspera
y quebradiza debido a la margarina. Agregue los
ingredientes secos y la compota de manzana. Mezclar
bien después de cada ALIÑO. Agregue el cereal y las
pasas. Hornee en un molde de 9 x 13 pulgadas (23 x
33 cm)a 375 grados durante unos 15 minutos. Dejar
enfriar y cortar en bloques. Puede congelarse.
Aproximadamente 23 calorías por galleta.

PASTEL DIABÉTICO

1/2 taza margarina
1 huevo
1 cucharada. edulcorante artificial líquido
1 cucharadita vainilla
2 cucharada harina
2 cucharaditas soda
1/2 cucharadita canela
1/4 cucharadita clavo molido
1 cucharada dátiles picados
1 y 3/4 taza salsa de manzana sin azúcar
1 cucharada nueces picadas

Crema de margarina; agregue el huevo, el edulcorante y la vainilla. Tamice los ingredientes secos y agréguelos a la mezcla. Agregue puré de manzana, dátiles y nueces. Batir con batidora eléctrica a velocidad alta durante varios minutos hasta que esté bien mezclado. Hornee en un molde Bundt a 325 grados durante 1 hora o hasta que esté listo.

PASTEL DIABÉTICO

2 cucharada agua
2 cucharada Pasas
1 cucharada salsa de manzana sin azúcar
2 cucharada harina
1 cucharadita vainilla
2 huevos

2 cucharadas. edulcorante liquido
3/4 taza aceite de cocina
1 cucharadita bicarbonato de sodio
1 y 1/4 cucharadita canela
1/2 cucharadita nuez moscada

Cocine las pasas en agua hasta que se acabe el agua. Frio. Luego agregue puré de manzana, huevos, edulcorante y aceite. Mezclar bien. Incorpora el bicarbonato de sodio y la harina. Agregue los ingredientes restantes y mezcle bien. Puede agregar nueces, o se puede usar un cóctel de frutas endulzado artificialmente en lugar de pasas, si lo desea. Hornee a 350 grados durante unos 40 minutos o más.

COOKIES DIABÉTICAS

1 1/4 taza agua
1 cucharadita nuez moscada
2 cucharaditas canela
1/2 cucharadita sal
2 cucharada Pasas
1/2 taza acortamiento

Hervir todos los ingredientes durante 3 minutos y dejar enfriar. Agregar:
2 huevos
2 cucharadas. agua
2 cucharada harina tamizada
1/4 taza sustituto del azúcar morena
1/4 taza sustituto del azúcar blanco

1 cucharadita Levadura en polvo
1 cucharadita bicarbonato de sodio

Deje caer una cucharadita en una bandeja para
hornear engrasada. Hornee durante 10-12 minutos a
350 grados.

BROWNIES PARA DIABÉTICOS

1/2 taza margarina
3 cucharaditas escasas. edulcorante liquido
2 sq. / 57 gramos cuadrados De chocolate derretido
sin azúcar
3/4 taza harina tamizada
1/2 taza nueces picadas
2 huevos
1 cucharadita vainilla
1 cucharadita Levadura en polvo

Batir la margarina, el edulcorante y el chocolate hasta
que quede suave. Agrega los huevos y la vainilla;
agregue la harina, el polvo de hornear y las nueces.
Batir hasta que quede suave. Extienda la masa en un
molde engrasado de 8 x 8 pulgadas y hornee a 350
grados durante 30 minutos. Déjelo enfriar en la
sartén.

COOKIES DIABÉTICAS

1 1/4 taza agua
1 1/4 taza acortamiento
2 cucharada pasas sin semillas
1/2 cucharadita nuez moscada
2 cucharaditas canela

Hervir todo lo anterior durante 3 minutos. Dejar
enfriar. Batir 2 huevos. Disuelva 1/2 cucharadita de
sal, 1 cucharadita de soda, 12 1/4 de sacarina molida
en 2 cucharadas de agua. Agregue a la mezcla
anterior y agregue 2 tazas de harina y 1 cucharadita
de polvo de hornear. Hornee a 350 grados durante
10-12 minutos.

PASTEL DE MANZANA DIABÉTICA

2/3 cucharada aceite
5 cucharadas sustituto de azúcar
1 huevo
1 cucharadita vainilla
1/2 cucharadita sal
1 cucharadita Levadura en polvo
1/2 cucharadita bicarbonato de sodio
1 y 1/2 taza harina
1/2 taza Pasas
1/2 taza agua
1 y 1/2 taza manzanas picadas

Mezclar todos los ingredientes. Vierta en un molde ligeramente engrasado de 9 x 9 pulgadas. Espolvorea con nueces. Hornee a 350 grados durante 30 minutos. Rinde 16 porciones. Puede sustituir las manzanas por zanahorias, plátanos y calabaza. Todo funciona bien, también se puede convertir en cupcakes.

PASTEL DIABÉTICO

2 cucharada Bisquick
1 cucharada fechas (cortadas)
1 cucharada Pasas
1 cucharada ciruelas pasas (al vapor y picadas)
1 cucharada coba
1/2 taza nueces
2 cucharadas. mantequilla suave
1/2 cucharadita soda
2 huevos

Combine todos los ingredientes, poniendo el refresco en la compota de manzana. Hornee unos 30 minutos a 300 grados.

PASTEL DE MANZANA DIABÉTICA

1 barra de margarina derretida

1 y 1/2 taza salsa de manzana sin azúcar
1 huevo batido
2 cucharada harina
1 cucharadita soda
1/2 cucharadita canela
1/4 cucharadita clavos de olor
Pizca de nuez moscada
1-2 cucharaditas sustituto de azúcar
1 y 1/2 taza dátiles picados
1/2 taza nueces pecanas
1 cucharada Pasas

Mezcle la margarina, la compota de manzana y el huevo. Tamice la harina y todos los ingredientes secos juntos. Agréguelos a la mezcla, agregue la vainilla y agregue los dátiles y las nueces. Hornee en un molde tubular enharinado bien engrasado en horno precalentado a 350 grados durante 30 minutos. No hornee en exceso.

PASTEL DE PLÁTANO CON PASAS PARA DIABÉTICOS

2 cucharada harina
1 y 1/2 cucharadita Levadura en polvo
Edulcorante no nutritivo equivalente a 11/2 cucharada azúcar, 6 cucharaditas Dulce y bajo
1 cucharadita soda
1 cucharadita sal
1/2 taza margarina dietética
1 cucharada plátano, aproximadamente 3 en puré

1 cucharadita cáscara de limón rallada
1 cucharadita extracto de vainilla
2 huevos
1 cucharada pasas blancas picadas
1/2 taza nueces, finamente picadas

Precaliente el horno a 350 grados y hornee 1 hora 20 minutos o hasta que esté listo.

PASTEL DIABÉTICO

2 cucharada agua
2 cucharada Pasas
1 cucharada salsa de manzana sin azúcar
3/4 taza aceite poliinsaturado
1 cucharadita bicarbonato de sodio
1 cucharada harina*
1 cucharada avena*
1 y 1/2 cucharadita canela
1/2 cucharadita nuez moscada
2 huevos
2 cucharadas. endulzado artificialmente
1 cucharadita vainilla
1/2 taza nueces pecanas

* O use 2 tazas de harina y sin avena. Cocine las pasas en 2 tazas de agua hasta que el agua se evapore. Agregue puré de manzana, huevos, edulcorante y aceite. Mezcle bien, mezcle la harina, el bicarbonato de sodio y las especias. Mezclar con las pasas, agregar la vainilla y mezclar bien. Vierta en un molde para pasteles de 8x8 pulgadas engrasado y enharinado. Hornee a 350 grados durante 25 o 30 minutos. Refrigere después del primer día. El bizcocho sin azúcar se echa a perder fácilmente.

GALLETAS DE AVENA Y PASAS - DIABÉTICAS

1/2 taza margarina
1 huevo
3/4 taza harina
1 cucharada avena
1/4 cucharadita sal
1/2 cucharadita soda
1 1/4 cucharadita edulcorante artificial líquido
1 cucharadita vainilla
1/4 taza Pasas
5 cucharadas concentrado de jugo de naranja, sin diluir

Mezclar todos los ingredientes y dejar caer
cucharaditas en una bandeja para hornear, aplanar.
Hornee a 350 grados durante 15-20 minutos.
Rendimientos: unas 40 galletas. Intercambio: 2
galletas = 1/2 pan.

PASTEL DIABÉTICO

1/2 barra de aceite
2 huevos
1 cucharada. Sucryl
1 cucharadita vainilla
1 y 1/2 taza salsa de manzana sin azúcar
1/4 cucharadita canela
1/4 cucharadita clavos de olor
2 cucharaditas soda
1 cucharada nueces pecanas
1 cucharada dátiles picados
2 cucharada harina

COOKIES DIABÉTICAS

1 cucharada agua
1/3 cucharada aceite
2 cucharada pasas sin semillas
2 cucharada harina
2 cucharaditas canela
1/2 cucharadita nuez moscada
2 huevos
1 cucharadita Levadura en polvo
1 cucharadita sal
1 cucharadita soda
1/2 taza nueces picadas
2 cucharadas. edulcorante y agua

Ponga agua, aceite, pasas y especias en una cacerola y hierva por 3 minutos. Cuando esté frío, agregue los ingredientes restantes y colóquelos en cucharaditas en una bandeja para hornear galletas. Hornee a 350 grados hasta que esté listo.

BIZCOCHO DIABÉTICO

2 cucharada harina
1/2 taza aceite de maíz
2 huevos
3 unidad plátanos maduros

1 y 1/2 cucharada edulcorante liquido
4 cucharadas suero de la leche
1 cucharada Pasas
1 cucharadita soda
1 cucharadita vainilla
1 y 1/2 taza nueces pecanas

Tamizar la harina y la soda. Agregue aceite, edulcorante líquido. Mezclar bien hasta que esté ligero. Batir los huevos. Agrega el resto de ingredientes. Batir hasta que esté bien mezclado. Vierta en un molde para pan. Hornee a 350 grados durante 25 minutos.

COOKIES DIABÉTICAS

1 y 1/2 taza salsa de manzana sin azúcar
3/4 taza margarina
2 huevos
2 cucharadas. canela
1/2 cucharadita pimienta de Jamaica
1 y 1/2 taza harina
1 y 1/2 cucharadita soda
1 cucharada. vainilla
1/3 cucharada edulcorante igual al azúcar morena
2 cucharada avena
1/2 cucharadita sal
1 cucharada Pasas
1/4 taza nueces

Mezcle puré de manzana, margarina, huevos, vainilla y sustituto de azúcar. Agrega los ingredientes restantes. Deje caer cucharaditas en una bandeja para hornear galletas y hornee por 15 minutos a 375 grados.

GALLETAS DE MOLASA DIABÉTICA

1/2 taza aceite vegetal
1/4 taza melaza
1/4 taza azúcar
1 huevo
2 cucharada harina de trigo integral
2 cucharaditas bicarbonato de sodio
1 cucharadita canela molida
1/2 cucharadita Jengibre molido
1/4 cucharadita clavos de olor

Batir el aceite, la melaza, el azúcar y el huevo. Agregue los ingredientes restantes y mezcle bien. Enfríe la masa durante 2 horas o toda la noche.

RACIMOS DE PASAS DE NARANJA DIABÉTICOS

1/3 cucharada aceite vegetal
1/4 taza sustituto de azúcar
1 huevo
2 cucharada harina de trigo integral
2 1/2 cucharaditas Levadura en polvo
1 y 1/2 cucharadita canela molida
1/2 cucharadita bicarbonato de sodio
1/4 cucharadita clavo molido
1/3 cucharada concentrado de jugo de naranja sin diluir congelado
1/4 taza miel
1 cucharada Pasas
1 cucharada avena cruda
1/4 taza semillas de girasol

Combine el aceite y el sustituto del azúcar. Golpea bien. Agrega el huevo. Agregue la harina, el polvo de hornear, la canela, el bicarbonato de sodio, el clavo, el jugo de naranja concentrado y la miel.

COOKIES DIABÉTICAS

1 y 3/4 taza harina
1 cucharadita canela
1/2 cucharadita clavos de olor
1/2 cucharadita nuez moscada
1 cucharadita bicarbonato de sodio
1/2 taza (1 barra) margarina
1/2 taza sustituto de azúcar
1 huevo
1 cucharada puré de manzana (sin azúcar)
1/2 taza pasas (picadas)
1 cucharada Brotes de salvado
1/2 taza nueces finamente picadas

Precalentar el horno a 350 grados. Tamice la harina,
la canela, la nuez moscada, el clavo y el bicarbonato
de sodio. En un tazón grande, mezcle la margarina, el
edulcorante artificial y el huevo. Mezcle los
ingredientes secos, alternando con puré de manzana.
Incorporar el salvado, las pasas y las nueces y
mezclar bien.

GALLETAS DE MANTEQUILLA DE
cacahuete

1 cucharada harina
1/2 taza mantequilla de cacahuete cremosa
1 huevo
1 cucharadita vainilla
1/4 cucharadita sal
1 y 1/2 cucharadita Levadura en polvo
1/2 taza agua
1 cucharada. edulcorante liquido
1/2 taza aceite para ensalada

Mezclar todo junto en un tazón grande. Forme bolas y colóquelas en una bandeja para hornear galletas sin engrasar. Hornee a 375 grados durante 12 a 15 minutos. Puede agregar un poco más de harina si lo desea.

GALLETAS DE GOTA DE FRUTAS DE AVENA PARA DIABÉTICOS

1/2 taza mantequilla u aceite
1 cucharada. vainilla
1/4 taza harina blanca
1/2 cucharada sal
1/2 taza frutos secos (higos, dátiles,
 pasas, cortadas pequeñas)
1 cucharada avena cruda rápida
2 huevos
1/4 taza harina de trigo integral
1/2 cucharada Levadura en polvo
Edulcorante granulado para igualar
1/2 taza azúcar
1/2 taza nueces picadas

Derretir la mantequilla, batir los huevos y la vainilla. Tamizar las harinas y el polvo de hornear. Agregue sal, azúcar, frutas, nueces y avena. Revuelva hasta que se mezcle. Deje caer una cucharadita en una bandeja para hornear engrasada. Hornee a 350 grados durante 12 a 15 minutos.

GALLETAS DIABÉTICAS DE GOTAS DE PASA

1 1/4 taza agua caliente
1/2 cucharadita nuez moscada
1 cucharada. agua
1 cucharadita Levadura en polvo
1/2 taza aceite
2 cucharaditas canela
1 cucharadita Edulcorante
1/2 cucharadita sal
2 cucharada Pasas
2 huevos batidos
2 cucharada harina

Caliente el horno a 350 grados. Engrase las bandejas para galletas. Combine agua caliente, aceite, pasas y deje enfriar. Mezcle los otros ingredientes y agréguelos a la primera mezcla. Deje caer una cucharadita en una bandeja para hornear engrasada enharinada y hornee durante 15 a 18 minutos.

GALLETAS DE COCO CON LIMÓN DIABÉTICO

1 barra de aceite
1 huevo
1/2 cucharadita sal
2 cucharadas. edulcorante
2 cucharadas. jugo de limón embotellado
1 cucharada Coco
1 y 1/2 taza harina
1/2 cucharadita soda
1 cucharadita Levadura en polvo

Mezcle el aceite, el huevo y los siguientes 5 ingredientes. Mezclar bien. Agrega la harina y el coco. Mezclar bien y dejar caer a cucharadas en una bandeja para hornear engrasada. Hornee a 350 grados durante 18 a 19 minutos. 3 galletas = 1 pan intercambiado.

COOKIES DIABÉTICAS

1 y 1/2 taza mantequilla u aceite
2/3 cucharada Espolvorear dulce
3/4 taza suero de la leche
2 huevos
1 cucharadita soda
1 cucharadita Levadura en polvo
2 cucharada harina
1 cucharada Pasas
1 cucharada fechas
1 cucharada carnes de nueces (opcional)

Siga las instrucciones que figuran en la lista, solo
ponga 1 cucharadita de refresco con la leche agria.
Hornee a 375 grados durante 10 minutos.

Muffins de avena y manzana - diabéticos

1/2 taza salsa de manzana sin azúcar
1/2 taza leche desnatada
3/4 taza harina de avena seca de cocción rápida
2 cucharadas. aceite
3/4 taza harina
2 unidad huevos
2 cucharaditas vainilla
2 cucharaditas canela
1 cucharadita jengibre
2 cucharaditas Levadura en polvo
1/2 cucharadita sal
5 cucharaditas azúcar morena

Combine la avena, el puré de manzana, la leche y el aceite. Deje reposar durante 20 minutos. En otro tazón combine la harina, la canela, el jengibre, la sal y el polvo de hornear. Agregue huevos ligeramente batidos, vainilla y azúcar morena a la mezcla de avena. Agrega los ingredientes secos. Revuelva lo suficiente para humedecer. Rocíe los moldes para muffins con spray de verduras. Llene las latas a 2/3 de su capacidad. Hornee a 350 grados durante 15-20 minutos.

TARTA DE NUECES PARA DIABÉTICOS

1/2 taza aceite
1 huevo
1 cucharada. edulcorante liquido
1 cucharadita vainilla
2 cucharada harina
2 cucharaditas soda
1/2 cucharadita clavos de olor
1/2 cucharadita canela
1 cucharada fechas, cortadas bien
1 y 1/2 taza salsa de manzana sin azúcar
1 cucharada nueces pecanas

Crema de aceite. Agrega el huevo, el edulcorante y la vainilla; mezcla. Tamizar la harina, la soda, el clavo y la canela. Agregue a la primera mezcla. Agregue el puré de manzana, los dátiles y las nueces al final. Hornee en moldes o pan durante 1 hora a 350 grados.

BARRAS DE GRANOLA DIABÉTICAS

1 envases batido de chocolate chocolate sin azúcar
(cacao sin azúcar)
3 cucharadas agua
1/4 taza Hojuelas de nueces de uva
2 cucharadas. mantequilla de cacahuete en tronzasos
2 cucharadas. Pasas

Mezclar chocolate sin azúcar con agua. Agrega los
ingredientes restantes. Forme barras de 2x5 pulgadas
en papel de aluminio y congele durante 2 horas.

PASTEL DIABÉTICO

1 cucharada Pasas
1 cucharada ciruelas pasas
1 cucharada salsa de manzana sin azúcar
2 huevos
3/4 taza aceite
1/4 taza Dulce y bajo (42 paquetes)
2 cucharada harina con levadura
1 cucharadita canela
1 cucharadita soda
1 cucharadita nuez moscada

1 cucharada nueces
1 cucharadita vainilla

Cocine las pasas y las ciruelas pasas en 1 taza de agua. Dejar enfriar. Batir los huevos y la compota de manzana. Combine todos los demás ingredientes y hornee a 350 grados durante 30-40 minutos en una bandeja para hornear.

PASTEL DIABÉTICO

2 cucharada agua
2 cucharada Pasas
1 lata de puré de manzana sin azúcar
3/4 taza aceite de cocina
1/2 cucharadita vainilla
1 cucharada nueces picadas
1/2 cucharadita nuez moscada
1 1/4 cucharadita canela
2 cucharadas. edulcorante liquido
2 huevos
2 cucharada harina
1 cucharadita bicarbonato de sodio

Cocine las pasas en agua hasta que se acabe el agua. Agregue puré de manzana, huevos, edulcorante y aceite; mezclar bien. Incorpora la soda y la harina. Agregue los ingredientes restantes y mezcle bien. Hornee a 350 grados durante 35 minutos.

COOKIES DIABÉTICAS

3 medianas plátanos, machacados
1 cucharadita vainilla
1 1/4 taza nueces picadas
1/3 cucharada aceite
2 cucharada copos de avena
1/4 taza Pasas

Combine los plátanos, el aceite y la vainilla. Agregue la avena, las nueces y las pasas. Deje caer cucharadas soperas en una bandeja para hornear engrasada. Presione ligeramente con un tenedor. Hornee de 10 a 12 minutos hasta que se doren a 350 grados.

BARRAS DE FRUTAS PARA DIABÉTICOS

1 cucharada dátiles picados
1/2 taza ciruelas pasas picadas
1/2 taza Pasas
1 cucharada agua

Hervir 5 minutos y agregar 1 barra de aceite. Dejar
enfriar. Agregue: 1 cucharadita. vainilla 1 taza harina
1 cdta. refresco 1/2 taza nueces Hornee por 25
minutos a 350 grados en un plato Pyrex de 9x13.

PASTEL DIABÉTICO DE FRUTAS SIN HORNEAR

1 caja de migas de galletas Graham
1 caja (8 onzas / 227 gr) De dátiles
1 unidad tarro de cerezas al marrasquino
1/2 taza Pasas doradas
1/2 taza Pasas
2 paquetes mezcla de frutos secos en cubitos
1 cucharada nueces pecanas
2 (8 onzas / 227 gr) Latas de piña triturada en su
propio jugo

Escurre las cerezas y desecha el líquido. Coloque en una cacerola pequeña. Agregar suficiente agua para cubrir. Deje que hierva; escurrir y repetir. Escurrir nuevamente y cubrir con agua fría. Escurra y pique los dátiles, las nueces, agregue la fruta en cubitos y luego agregue las migas de galletas Graham. Escurra el jugo de piña reservando el jugo de 1 lata. Vierta el jugo y la piña sobre las migas de frutas y galletas. Mezclar bien hasta que todo esté humedecido. Vacíe la mezcla en un molde para pan rociado con spray antiadherente, cubra con papel encerado y presione firmemente en el molde. Enfríe varias horas o congele antes de cortar. Rinde 40 porciones. Intercambios: 1 fruta, 1/2 pan, 1/2 grasa, 111 calorías, carbohidratos. 21, proteína 1,5 g., Sodio 56 mg., Grasa 3 g.

BARRAS DE CALABAZA DIABÉTICAS

1 1/4 taza harina
1/2 taza margarina
3/4 taza sustituto de azúcar
3 huevos
1 1/4 cucharadita Levadura en polvo
1 lata (16 onzas/454 gramos) De calabaza
2 cucharaditas canela
1/2 taza Pasas

Batir la harina, la manteca y el sustituto de azúcar juntos. Agrega los huevos, la calabaza y el polvo de hornear. Revuelva hasta que quede suave. Agrega las pasas. Hornee a 350 grados durante 45 minutos. Espolvoree la parte superior con nueces picadas, si lo desea.

DULCE DE AZÚCAR DE PASCUA PARA DIABÉTICOS

1 cuadrado de chocolate sin azúcar
1/4 taza leche evaporada
1/2 cucharadita vainilla
1 cucharadita edulcorante líquido artificial
1 paquete polvo de pudín de vainilla o chocolate endulzado artificialmente (u 8 cucharaditas de nueces finamente picadas)

Derrita el chocolate en la parte superior del baño maría sobre agua hirviendo. Agrega la leche evaporada y mezcla. Cocine 2-3 minutos, luego agregue vainilla y edulcorante. Extienda en un molde o plato pequeño para pastel de papel de aluminio. Enfriar. Cortar en 8 tronzasos. Forme bolas en forma de huevo y luego enrolle ligeramente en polvo de pudín o nueces picadas.

COOKIES DIABÉTICAS

1 y 1/2 taza salsa de manzana sin azúcar
3/4 taza margarina
2 huevos
1 cucharada. vainilla
1/3 cucharada edulcorante moreno
2 cucharada avena
1 cucharada. canela
1/2 cucharadita pimienta de Jamaica
1 y 1/2 taza harina
1 y 1/2 cucharadita soda
1/2 cucharadita sal
1 cucharada Pasas
1/4 taza nueces

Mezcle bien los primeros 5 ingredientes; agregue los ingredientes restantes. Deje caer cucharaditas en una bandeja para hornear galletas y hornee por 15 minutos a 375 grados.

GALLETAS DE NUECES DIABÉTICAS

1/2 taza harina
1/4 cucharadita Levadura en polvo
1/8 cucharadita sal
1/2 cucharadita edulcorante suave
2 cucharadas. jugo de naranja sin azúcar
1/2 cucharadita vainilla
2 cucharadas. manteca vegetal
2 cucharadas. carnes de nueces picadas

2 cucharadas. cáscara de naranja rallada

Mezcle los primeros 7 ingredientes y revuelva bien.
Agregue las carnes de nueces y la cáscara de naranja.
Deje caer cucharaditas grandes en una bandeja para
hornear engrasada. Hornee a 350 grados durante 10
minutos.

PASTEL DIABÉTICO

2 cucharada Pasas
1 y 1/2 taza agua
1/2 taza zumo de naranja
1 cucharada salsa de manzana sin azúcar
2 huevos batidos (o batidores)
2 cucharadas. edulcorante liquido
1/2 taza aceite de cocina
2 cucharada harina con levadura
1 cucharadita bicarbonato de sodio
1 cucharadita canela
1/2 cucharadita nuez moscada
1 cucharadita vainilla

Hierva lentamente las pasas en agua hasta que se absorba el agua. Agregue jugo de naranja, puré de manzana, edulcorante, huevos y aceite; mezclar bien. Licúa la harina, el bicarbonato de sodio, la canela y la nuez moscada; agregar a la primera mezcla junto con la vainilla. Mezclar bien. Vierta en un molde engrasado de 9 pulgadas. Hornee a 350 grados durante 25-30 minutos.

GALLETAS PARA DIABÉTICOS DE AVENA Y MANZANA

1/2 taza harina
1 y 1/2 cucharadita canela
1/2 cucharadita soda
1/4 cucharadita sal
1/4 cucharadita nuez moscada
1 cucharadita pimienta de Jamaica
1/2 taza avena
1/2 taza Pasas
1/2 taza salsa de manzana sin azúcar
1/4 taza aceite de cocina
1 huevo
1 cucharadita vainilla

Mezcle harina, canela, refresco, sal, nuez moscada, pimienta de Jamaica, avena y pasas. Agrega puré de manzana, huevo, aceite y vainilla. Mezclar para humedecer y colocar en una bandeja para hornear engrasada. Hornea 12 minutos a 375 grados.

PASTEL DIABÉTICO

1/2 taza manteca
1 cucharada. edulcorante líquido o 1/2 cucharada
azúcar
1 huevo
1 cucharada dátiles o pasas en rodajas finas
1 y 1/2 taza puré de manzana para diabéticos
1 cucharada nueces picadas (opcional)
1/4 cucharadita clavos de olor
1 cucharadita vainilla
2 cucharada harina
2 cucharaditas soda
1/2 cucharadita canela

Batir la mantequilla, el huevo y la compota de
manzana. Agrega el edulcorante líquido y la vainilla.
Tamice los ingredientes secos juntos; agregar a la
mezcla de crema. Batir hasta que esté bien mezclado.
Conviértalo en un molde para pan y hornee a 350
grados durante 1 hora.

BARRAS DE FECHA PARA DIABÉTICOS

1 cucharada dátiles picados
1/3 cucharada aceite vegetal
1/2 taza zumo de naranja
1/4 cucharadita endulzante artificial
1 cucharada harina
1 cucharadita Levadura en polvo
1/2 taza nueces picadas
1/4 taza Batidores de huevos (o 1 huevo)
1 cucharada. cáscara de naranja rallada

Hervir los dátiles, el aceite y el jugo de naranja durante 5 minutos y dejar enfriar; agregue el resto de ingredientes. Mezclar todo junto y esparcir en una fuente para hornear aceitada de 8 x 8 pulgadas. Hornee a 350 grados durante 25 minutos. Dejar enfriar antes de cortar. Rinde 36 barras. Cada barra: 56 calorías. 7 gramos de carbohidratos, 1 gramo de proteína, 3 gramos de grasa, 8 mg. colesterol, 12 mg. sodio.

COOKIES DIABÉTICAS

1 cucharada harina para todo uso
1 cucharada avena rápida
3/4 taza pasas sin semillas
1/2 taza zumo de naranja
1/2 taza mantequilla o margarina, ablandada
2 cucharaditas Levadura en polvo
1 cucharadita cáscara de naranja rallada
1/2 cucharadita sal
1/2 cucharadita canela

1 huevo
3/4 taza nueces
Sustituto de azúcar al gusto

Mezcle todos los ingredientes secos más la avena, las pasas y la piel de naranja. Agrega jugo de naranja, huevo, aceite y vainilla. Luego agregue nueces. Mezcle para humedecer y colóquelo en una bandeja para hornear engrasada. Hornea 12 minutos a 375 grados.

BARRAS DE FRUTAS PARA DIABÉTICOS

1 1/4 taza harina
1 cucharada avena rápida
1/2 cucharadita sal
1 cucharada. edulcorante líquido para alimentos
1 cucharadita vainilla
1/2 taza manteca vegetal
2 cucharada frutas enlatadas sin azúcar escurridas como manzanas, cerezas
3 cucharadas zumo de frutas

Mezcle la harina, la avena, la sal, el edulcorante, la vainilla y la manteca vegetal con un tenedor hasta que se desmorone. Agregue jugos para que las migas se peguen. Extienda la mitad en el fondo de un molde cuadrado. Coloque una capa de fruta, esparza el resto de las migas encima. Hornear, enfriar y cortar en cuadritos.

PASTEL DE MANZANA DIABÉTICA

1/2 taza agua
1/2 taza Pasas
1 cucharada salsa de manzana sin azúcar
2 huevos
2 cucharadas. edulcorante líquido o en polvo
equivalente a 1 cucharada
1/2 taza aceite
2 cucharada harina
1 cucharadita soda
2 cucharaditas canela
1/2 cucharadita nuez moscada
1 cucharadita vainilla

Precalentar el horno a 350 grados. Cocine las pasas en agua hasta que el agua se evapore. Agregue puré de manzana, huevos, edulcorante y aceite; mezclar bien. Incorpora la soda y la harina. Agrega nuez moscada, canela y vainilla. Hornee en un molde para pan engrasado de 4 x 8 x 4 pulgadas (10 x 20 x 10 cm) durante 50 minutos a 350 grados. El cóctel de frutas endulzado artificialmente se puede sustituir por pasas para que se parezcan más a un pastel de frutas.

PASTEL DE CHOCOLATE PARA DIABÉTICOS

1 y 1/2 taza harina

1 y 1/2 cucharadita soda
1/3 cucharada sustituto de azúcar + 1 cucharada.
7 paquetes. Igual
1/3 cucharada cacao
1 cucharadita sal (o menos)
1 cucharada. vinagre
1/3 cucharada aceite
1 cucharada agua
1 cucharadita aceite
1/4 taza suero de la leche
2 huevos batidos

Tamice los ingredientes secos juntos en un tazón.
Batir los huevos y agregar al resto de ingredientes.
Revuelva con un tenedor (sin batir). Vierta en un
molde para pan y hornee a 350 grados durante 35 a
40 minutos (pruebe con un palillo de dientes).

GALLETAS DE FRUTAS PARA DIABÉTICOS

1 cucharada agua
1/3 cucharada aceite
2 cucharada pasas sin semillas
2 cucharadas. canela
1/2 cucharadita nuez moscada
1/2 cucharadita sal
2 cucharada harina
1 cucharadita bicarbonato de sodio

2 cucharaditas edulcorante liquido
2 cucharadas. agua
2 huevos batidos
1 cucharadita Levadura en polvo
1/3 cucharada nueces picadas

Combine agua, aceite, pasas, canela y nuez moscada; hervir juntos durante 3 minutos. Dejar enfriar. Disuelva la sal y la soda en una combinación de edulcorante líquido y agua; agregar a los huevos batidos. Incorpora la mezcla enfriada. Agregue la harina y el polvo de hornear que se hayan tamizado juntos; mezclar bien. Agregue nueces, luego mezcle. Deje caer cucharaditas en una bandeja para hornear engrasada. Hornee a 375 grados hasta que esté ligeramente dorado. Rinde 3 docenas de galletas.

PASTEL DIABÉTICO

3 unidad huevos
1/2 taza mantequilla suave
1 cucharada jugo de piña sin azúcar
2 1/2 tazas harina blanca sin blanquear
3 cucharada zanahorias ralladas
1 cucharadita soda
2 cucharaditas Levadura en polvo
1 cucharadita nuez moscada
1 cucharadita canela

--ALIÑO--
1 cucharada piña triturada y escurrida
1 cucharadita canela

Batir los huevos, la mantequilla y el jugo de piña. Agregue la harina, la soda, el polvo de hornear y las especias. Golpea bien. Agregue las zanahorias ralladas y mezcle bien. Vierta la mezcla en un molde engrasado y enharinado de 9x13 pulgadas. Mezcle la piña y la canela escurridas y espolvoree sobre la mezcla del pastel. Hornee de 25 a 30 minutos a 350 grados o hasta que se dore.

MERMELADA DE ARÁNDANOS DIABÉTICOS

2 cucharadas. jugo de limon
3 cucharaditas gelatina sin sabor
1/8 cucharadita sal
1 y 1/2 cucharadita arrurruz
2 1/2 tazas arándanos sin azúcar congelados, parcialmente descongelados
Edulcorante no nutritivo equivalente a 2 cucharada azúcar

Mezclar jugo de limón, gelatina, sal y arrurruz; agregue los arándanos. Hierva suavemente hasta que la mezcla espese, revolviendo constantemente (aproximadamente 3-4 minutos). Revuelva constantemente, hirviendo a ebullición completa durante 2 minutos. Retírelo del calor; agregue el edulcorante. Llene y selle los frascos.

MERMELADA DE FRESA DIABÉTICA

1 cucharada fresas en rodajas
3/4 taza refresco de fresa sin azúcar
1 paquete gelatina de fresa baja en calorías
3 paquetes de sustituto de azúcar

Triturar las fresas; agregue la soda y deje hervir, cocine 1 minuto. Retírelo del calor; agregue la gelatina hasta que se disuelva. Agrega el azúcar. Vierta en frascos calientes, selle o almacene en el refrigerador. Cambios por 1 cucharada: gratis. Rinde 1 y 1/2 tazas.

SALSA DE ARÁNDANO-NARANJA DIABÉTICO

2 cucharada arándanos
DULCE 'n Low igual a 1 cucharada azúcar
1 naranja

Muele la fruta, mezcla el edulcorante; enfriar bien. 8 porciones de 24 calorías cada una. 1 ración = 1/2 intercambio de frutas.

PIE DE CALABAZA PARA DIABÉTICOS

1 molde para pastel de 9 " / 23 cm horneado y
enfriado
2 unidad paq. pudín de vainilla instantáneo sin azúcar
2 cucharada Leche
1 cucharada calabaza enlatada
1 cucharadita pastel de calabaza especias
1/4 cucharadita nuez moscada
1/4 cucharadita jengibre
1/2 cucharadita canela

Licúa todos los ingredientes en la licuadora hasta que
quede suave. Use calabaza enlatada simple. No use la
mezcla de pastel de calabaza enlatada. Vierta en la
base de la tarta y enfríe hasta que esté listo para
servir.

PASTEL DE MANZANA DE PASAS PARA DIABÉTICOS

2 cucharada agua
2 cucharada Pasas
1 cucharada salsa de manzana sin azúcar
1 y 1/2 cucharadita edulcorante marrón para
diabéticos
3/4 taza aceite de cocina
1 cucharadita bicarbonato de sodio
2 cucharada harina
1 1/4 cucharadita canela
2 huevos

1/2 cucharadita nuez moscada
1 cucharadita vainilla
1/2 cucharadita sal

Cocine las pasas en agua hasta que se acabe el agua.
Frio. Agregue puré de manzana, huevos, edulcorante
y aceite. Mezclar bien. Incorpora el bicarbonato de
sodio y la harina. Agrega los ingredientes restantes;
mezclar bien. Hornee en una sartén alargada a 350
grados durante 25 minutos o hasta que un palillo
salga limpio. Cortar en cuadritos y poner en el
congelador. Es bueno simplemente sacar del
congelador y comer mientras aún está congelado.

JARABE DE CHOCOLATE PARA DIABÉTICOS

1/3 cucharada cacao seco
1 1/4 taza agua fría
1/4 cucharadita sal
2 cucharaditas vainilla
3 cucharaditas sacaryl líquido

Combine el cacao, el agua y la sal en una cacerola.
Mezclar hasta que quede suave. Lleve a ebullición y
cocine a fuego lento hasta que quede suave y espeso.
Deje enfriar 10 minutos. Agrega vainilla y edulcorante.
Almacenar tapado en refrigerador. Revuelva bien
antes de usar. Una cucharada equivale a 9 calorías.

HELADO CREMOSO PARA DIABÉTICOS

1/2 taza requesón bajo en grasa, tamizado
1/8 cucharadita sal
1/2 cucharada margarina dietética, derretida
Edulcorante no nutritivo equivalente a 1/2 taza.
azúcar
1 cucharadita extracto de almendra o vainilla

Mezclar todos los ingredientes; batir hasta que quede
suave. Unte sobre el pastel. Glasea un pastel de 10
pulgadas.

GALLETAS DE MANZANA DIABÉTICA

1/2 taza harina
1/2 cucharadita bicarbonato de sodio
1/4 cucharadita sal
1/4 cucharadita nuez moscada
1/2 cucharadita canela
1/2 taza avena de cocción rápida
2/3 cucharada Pasas
1/2 taza puré de manzana sin azúcar
1/4 taza aceite vegetal
1 huevo
1 cucharadita vainilla
1 cucharada. edulcorante liquido

Mezcle los primeros 6 ingredientes. A continuación, mezcle los siguientes ingredientes: puré de manzana, aceite, huevo, vainilla y edulcorante. Batir ligeramente. Luego combine con los ingredientes secos y mezcle bien hasta que esté húmedo. Coloque en una bandeja para hornear engrasada. Asegúrate de que la bandeja para hornear esté fría. Hornee a 375 grados durante 10 minutos.

DULCE DE AZÚCAR PARA DIABÉTICOS

1 envases gelatina
1/4 taza agua
1 cuadrado de chocolate sin azúcar
1/8 cucharadita canela
3/4 cucharadita edulcorante líquido para alimentos
1/4 taza agua
1/2 taza leche evaporada
1/2 cucharadita vainilla
1/4 taza nueces picadas

Ablande la gelatina en 1/4 taza de agua durante 5 minutos. Derretir chocolate con canela y edulcorante; agregue la leche y el agua lentamente. Agrega gelatina. Revuelva hasta que se disuelva. Retirar del fuego. Agregue la vainilla, enfríe. Cuando la mezcla comience a espesarse, agregue nueces. Convertir en sartén fría. Cuando esté firme cortar en tronzasos.

ADEREZO PARA ENSALADA PARA DIABÉTICOS

46 onzas/1304 gramos jugo V-8 bajo en sodio
1 cucharada. vinagre de vino
1/4 cucharadita orégano
1/4 cucharadita polvo de ajo
1/2 cucharadita cebolla en polvo
1/4 paquete Igual

Mezcle los ingredientes y enfríe. Agite antes de usar.

COOKIES DIABÉTICAS

1/2 taza sustituto de azúcar
1 barra de margarina
1 huevo
1 cucharada coba
1 cucharada All Bran
1/2 cucharadita pimienta de Jamaica
1/2 cucharadita nuez moscada
1 cucharadita soda
1 cucharadita canela
1 y 3/4 taza harina

Mezclar bien y dejar caer una cucharadita en una bandeja para hornear. Hornee a 350 grados durante 10 minutos.

GALLETAS DE MANTEQUILLA PARA DIABÉTICOS

1/2 taza mantequilla de cacahuete
2 1/2 cucharaditas edulcorante liquido
2 huevos
1/4 cucharadita bicarbonato de sodio
1 cucharada. mantequilla, derretida y enfriada
1 cucharada harina
1/2 taza leche desnatada

Coloque la mantequilla de cacahuete, la mantequilla y el edulcorante en un tazón, bata hasta que quede suave. Agrega los huevos, batidos nuevamente. Agregue la harina, la soda y la leche y mezcle bien. Deje caer una cucharadita en una bandeja para hornear engrasada. Hornee a 375 grados durante 12-15 minutos.

GALLETAS DIABÉTICAS DOBLE CHOCOLATE

2 cucharada 100% salvado o brotes de salvado, todo salvado o fibra uno
2/3 cucharada agua
1 cucharada huevo (5-6 medianas)
2 cucharaditas vainilla
2 cucharaditas extracto de chocolate
2/3 cucharada aceite vegetal
Sustituto de azúcar líquido - igual a 1/2 cucharada azúcar
1 y 3/4 taza harina
1/2 taza cacao
1/4 taza leche en polvo (instantánea)
1 cucharadita soda
1 cucharadita Levadura en polvo

CARAMELO DIABÉTICO DE CHOCOLATE Y NUECES

1 (.75 onzas / 2125 gramos) Sobre de chocolate sin azúcar (chol
3 cucharadas agua
1/4 taza Copos de uva y nueces
2 cucharadas. mantequilla de cacahuete en tronzasos
2 cucharadas. pasas (opcional)

Mezcle Alba y agua hasta que quede suave; agregue hojuelas de uva y mantequilla de cacahuete y pasas, si lo desea. Mezclar bien. Forme una barra de 2x5 pulgadas sobre papel de aluminio. Envuelva en papel de aluminio y congele durante 2 horas. Rinde 1 barra.

BROWNIES DIABÉTICOS

1 cuadrado de chocolate sin azúcar (1 onzas De chocolate derretido)
2 cucharaditas vainilla
1 cucharada harina
1/4 taza nueces picadas
1/2 cucharadita soda
1/2 taza acortamiento
2 cucharadas. edulcorante liquido
2 huevos
1/2 cucharadita sal

DULCE DE AZÚCAR PARA DIABÉTICOS

1 cuadrado de chocolate sin azúcar
1/2 cucharadita vainilla
1 paquete pudín de endulzante artificial de vainilla o
chocolate en polvo u 8 cucharaditas. nueces finamente
picadas
1/4 taza leche evaporada
1/4 taza nueces picadas (opcional) ** No agregue
más nueces si las usa en lugar del pudín en polvo.
1 cucharadita edulcorante líquido artificial

Derretir chocolate y edulcorante; agregue la leche
lentamente. Agregue polvo de pudín o nueces.
Revuelva hasta que se disuelva y deje hervir. Retirar
del fuego. Agregue la vainilla, enfríe. Cuando la
mezcla comience a espesarse, agregue nueces *
opcional. Vierta en una sartén fría. Cuando esté firme
cortar en cuadrados.

MERMELADA DIABÉTICA DE MELOCOTÓN O FRESA

1 cuarto de galón duraznos pelados o 1galón fresas limpias
2 cucharadas. jugo de limon
3 cucharaditas endulzante artificial
1 caja de pectina en polvo

Tritura los duraznos o las fresas en una cacerola. Agregue el jugo de limón, la pectina y el edulcorante. Hervir 1 minuto, revolviendo constantemente. Retírelo del calor. Continúe revolviendo 2 minutos. Vierta en frascos esterilizados de media pinta. Déjelo enfriar bien. Conservar en el frigorífico. Rendimiento: 2 1/2 medias pintas.

MERMELADA O JALEA PARA DIABÉTICOS

2 envases gelatina sin sabor
1/2 taza jugo de limon
Pizca de sal
1 cucharada. arrurruz
4 cucharada fresas
4 cucharada Igual de edulcorante

Triturar la fruta y mezclar todos los ingredientes. Hacer hervir removiendo constantemente. Deje hervir durante 1 minuto. Retírelo del calor. Continúe revolviendo durante 2 minutos. Vierta en frascos esterilizados. Frio. Almacenar en refrigerador.

CREMA DIABÉTICA LO CAL

1 cucharada requesón
1/4 taza agua
1 cucharada. jugo de limon

Colocar todos los ingredientes en la licuadora. Cubra y mezcle durante 10 segundos hasta que quede suave. Rinde 1 taza. Úselo como crema agria para salsas, etcucharada

----

GRUPOS DE CACAHUETES DIABÉTICOS

1/3 cucharada mantequilla de cacahuete
1 cucharada. miel
1/4 taza cacahuete tostado seco
1/2 taza Pasas
1 cucharada. polvo de cacao
1 paquete endulzante artificial
1/4 taza Cereal de nueces de uva

Derretir la mantequilla de cacahuete y la miel. Retire del fuego y agregue los ingredientes restantes, excepto el cereal. Enrolle una cucharadita redondeada de la mezcla en el cereal para formar bolas. Enfriar y servir. Hace 12 racimos, intercambios: 1 fruta, 1 grasa, calorías: 90.

BEBIDA ESPUMOSA DE FRUTAS - DIABÉTICOS

8 onzas / 227 gr jugo de uva sin azúcar
8 onzas / 227 gr jugo de manzana sin azúcar
8 onzas / 227 gr jugo de naranja sin azúcar
1 cuarto de galón (1 litro) gaseosa de jengibre
dietética
Hielo

Rinde 7 porciones. Mezcle los primeros 4 ingredientes
en una jarra. Agregue cubitos de hielo y 9 onzas de la
bebida a cada vaso. Servir inmediatamente. Una
porción (8 onzas / 227 gr) = 1 intercambio de frutas,
60 calorías.

ENSALADA DE GELATINA DE MANZANA PARA DIABÉTICOS

3 paquetes (de 3 onzas/ 85 gramos) gelatina de
frambuesa (sin azúcar)
3 cucharada puré de manzana (sin azúcar)
21 onzas (595 gramos) dieta 7-Up

Caliente la compota de manzana hasta que esté
caliente. Agrega la gelatina y mezcla bien. Agrega Diet
7-Up licuando suavemente. Vierta en un molde y
refrigere hasta que esté firme.

ARROZ GLORIFICADO PARA DIABÉTICOS

1/2 taza ARROZ crudo, no instantáneo
1 lata (20 onzas/565 gramos) de piña triturada en su propio jugo
1 paquete (3 onzas / 85 gramos) gelatina con sabor a fruta sin azúcar
1 cucharada agua hirviendo
1 cucharada jugo (escaso) de piña, escurrido de lata
1/4 taza cerezas al marrasquino picadas (si se desea para darle color)
1/2 puntos. crema espesa

Cocine el ARROZ de acuerdo con las instrucciones del paquete. Escurrir y reservar. Escurre la piña, reservando 1 taza de jugo. Disuelva la gelatina en agua hirviendo. Agrega jugo de piña. Agregue el ARROZ bien escurrido. El ARROZ cocido absorberá el color y el sabor de la gelatina. Mezclar bien y enfriar hasta que espese, pero no del todo firme. Agregue piña y cerezas escurridas (si lo desea). Incorporar la crema batida. Enfriar. Sirve 8.

ENSALADA DE ARÁNDANOS DIABÉTICOS

1 paquete arándanos congelados, poner en un procesador de alimentos y picar finamente

Agregue 7 paquetes iguales y 1 lata grande de piña triturada. Dejar de lado. 2 manzanas picadas 2 rodajas de naranja picadas 2 tallos de apio picados 1/2 cucharada nueces Agregue todos los ingredientes y colóquelos en un plato de 9 x 12 pulgadas y refrigere.

ENSALADA DE QUESO COTTAGE DIABÉTICO

1 libra / 453 gr de requesón
1 paquete Gelatina seca D-Zerta
1 unidad lata de tronzasos de piña sin azúcar, escurridos
postre fresco

Agrega Cool Whip a los ingredientes; revuelva ligeramente para mezclar. Sirve sobre hoja de lechuga.

ENSALADA DE ARÁNDANOS DIABÉTICOS

2 paquetes. gelatina de frambuesa o gelatina natural
1 manzana

6 cucharaditas edulcorante
2 naranjas
1 libra / 453 gr de arándanos

Moler las naranjas, la manzana y los arándanos.
Escurre la fruta después de molerla y usa el jugo frío
en lugar de agua para hacer gelatina.

ENSALADA WALDORF DIABÉTICA

4 cucharaditas mayonesa
3 unidad manzanas rojas
1/4 taza nueces picadas
2 cucharaditas jugo de piña sin azúcar
1/2 taza Apio en cubitos

Mezclar mayonesa y jugo. Corta las manzanas sin
pelar en dados. Mezclar con apio y nueces. Doblar en
el aderezo. un intercambio de grasa.

ENSALADA DE ALBARICOQUE DIABÉTICO

1 caja de gelatina de albaricoque (sin azúcar)
8 onzas / 227 gr Queso crema Philly (ligero)
20 onzas/565 gramos lata de piña triturada (sin
azúcar)

Cool Whip (lite)
1/4 taza sustituto de azúcar, 3 pqt.
1 cucharada agua congelada

Deje hervir la piña triturada y el azúcar, retire del fuego y agregue la gelatina; luego queso crema. Agregue agua helada, revuelva y deje enfriar hasta que espese. Incorpore Cool Whip y enfríe nuevamente.

ENSALADA DE FRUTAS PARA DIABÉTICOS

3 cucharada suero de la leche
2 (9 onzas / 255 gramos) Cajas de mezcla de pudín instantáneo de vainilla sin azúcar
6 cucharada fruta fresca (fresas, uvas, naranjas, melocotones, en tronzasos
 piña, escurrida)
1 (8 onzas / 227 gr) De cobertura batida

Combine el suero de leche y el pudín en un tazón grande. Incorpora la cobertura batida. Coloque la mitad de la mezcla de frutas en un plato Pyrex de 8 x 12. Cubra con la mezcla para pudín. Coloque la fruta restante encima. Las personas que no son diabéticas también disfrutan de esto. La receta rinde 10 porciones generosas.

CREMA DIABÉTICA DE SOPA DE COLIFLOR

4 cucharaditas mantequilla o margarina
3 cucharadas harina
3/4 cucharadita sal (no usé ninguna)
1/8 cucharadita pimienta
1 y 1/2 taza caldo de verduras y pulpa
1 y 1/2 taza leche descremada - o intercambio

Derrita la mantequilla, mezcle la harina, cocine a fuego lento durante unos minutos. Agregue el caldo de verduras y la leche gradualmente, revolviendo hasta que espese. Use la receta básica de sopa de crema, agregue puré de coliflor cocida o cualquier vegetal más caldo, y guarde algunos floretes de coliflor para agregar cuando esté listo.

PASTEL DE DULCE DE AZÚCAR PARA DIABÉTICOS

1 cuadrado de chocolate sin azúcar
1/3 cucharada manteca
2 cucharadas. edulcorante líquido artificial
2 cucharadas. vainilla
2 huevos
1 cucharada harina para pastel
1/2 cucharadita sal
1 cucharada nueces

Derrita la mantequilla y el chocolate en una cacerola a fuego lento. Retírelo del calor. Agrega el edulcorante, la vainilla y los huevos. Revuelva hasta que esté bien mezclado. Agregue la harina, la sal, la soda y mezcle bien. Incorpore las nueces picadas y luego viértalas en un molde cuadrado de 9 pulgadas ligeramente enharinado y engrasado. Nivele la masa y hornee a 325 grados 20-25 minutos. Cortar en cuadrados cuando se enfríe.

PASTEL DE NARANJA

1/4 taza edulcorante igual al azúcar, marrón
1/3 cucharada edulcorante igual al azúcar, blanco
1 huevo
1 1/4 taza harina
2 cucharaditas Levadura en polvo
1/4 cucharadita soda
1/4 cucharadita canela
2/3 cucharada zumo de naranja
1 cucharadita extracto de naranja
2 cucharadas. nueces picadas

Precalentar el horno a 350 grados. Engrasa un molde de 8 pulgadas. En un tazón grande, combine el aceite, los gemelos de azúcar y el huevo. Batir 2 minutos a alta velocidad. Raspe el tazón de vez en cuando. Coloque la harina con una cuchara en una taza medidora; estabilizarse. Incorpora el resto de los ingredientes, excepto las nueces. Batir 1 minuto a velocidad lenta. Vierta la mezcla en el molde preparado. Espolvorea con nueces. Hornee a 350 grados de 25 a 30 minutos.

TARTA DE COMPOTA DE MANZANA

1 cucharada. Edulcorante
1 y 1/2 taza salsa de manzana sin azúcar
2 cucharaditas soda
1 huevo
1 cucharada Pasas
2 cucharada harina
1 y 1/2 cucharadita Vainilla
1/2 taza nueces, picadas (opcional)

En un tazón, bata el aceite, el edulcorante y el huevo. Cuando esté bien mezclado, agregue puré de manzana, pasas, refresco y vainilla. Agrega la harina. Mezclar bien. Agrega nueces. Vierta la masa en un molde para pan engrasado con Pam. Hornee a 350 grados de 40 a 45 minutos.

GALLETAS DE FRUTOS SECOS

1/3 cucharada Aceite de cacahuete o vegetal suave
2-3 plátanos grandes (machacados)
1 cucharadita Vainilla
1/8 cucharadita Sal
1 y ½ taza Copos de avena
½ taza Salvado de Avena para cereal caliente (corte fino)
1 y ½ taza frutas mixtas picadas (pasas, dátiles, albaricoques, melocotones, etcucharada)
½ a ¾ cucharada nueces picadas

Mezcle el aceite de cacahuete con el puré de plátanos. Luego agregue vainilla y sal. Agregue los copos de avena, el salvado de avena, las frutas secas mezcladas picadas y las nueces picadas. COLOCAR con una cucharada redondeada en bandejas para hornear engrasadas. Aplanar ligeramente. Hornee a 350 grados durante 20 a 25 minutos o hasta que el fondo y los bordes estén ligeramente dorados. Déjelo enfriar sobre una rejilla. Almacenar en un recipiente herméticamente cerrado en el refrigerador. Rinde de 2 a 2 1/2 docenas.

MUFFINS DE FRUTOS SECOS

1 cucharada harina de trigo integral
1 cucharada harina blanca
2 cucharaditas Levadura en polvo

1 cucharadita canela
1 y 1/2 cucharada aceite
1/2 taza dátiles picados
1/2 taza nueces picadas
1 huevo batido
2 cucharadas. edulcorante liquido
1 cucharada Leche

Precaliente el horno a 400 grados. Mezcle los ingredientes secos. Agrega dátiles y nueces. Haga un agujero en la mezcla y agregue la leche, el huevo y el aceite. Mezclar hasta que se mezcle. Rocíe el molde para muffins con Pam y llénelo en dos tercios. Hornee durante 20 a 25 minutos. Rinde 12 magdalenas grandes.

NO HAY GALLETAS DE AZÚCAR

1 cucharada harina
1 cucharadita Levadura en polvo
1/2 taza aceite
1 cucharada nueces picadas
1 cucharada copos de coco
1/2 taza Pasas
1 huevo batido
1 cucharada Leche
2 paquetes. edulcorante suave

Mezcle los ingredientes secos. Cortar en aceite; agregue otros ingredientes. Mezcle hasta que la mezcla se pegue y enfríe durante 1 hora. Forme bolas. Hornee a 350 grados durante 15 minutos. 48 porciones.

MANTEQUILLA DE MANZANA

2 1/4 taza edulcorante igual al azúcar
1 cucharadita nuez moscada
1 cucharadita canela

Mezcle en una olla de barro y coloque 2 toallas de papel debajo de la tapa. Cocine a fuego lento durante 8 horas. Rinde 2 1/2 pintas.

PIE DE PASAS

1 y 1/2 taza Pasas
1 y 1/2 taza agua
1 cucharadita vinagre
1/2 taza edulcorante igual al azúcar

Hierva las pasas y agregue 3 cucharadas de maicena en suficiente agua para hacer una pasta fina. Espesar las pasas y verterlas en la base para tarta sin hornear. Cubra con la corteza. Hornee a 375 grados hasta que la masa esté lista.

GALLETAS DE NARANJA SIN AZÚCAR

1 huevo
1/2 taza aceite, ablandado
1/2 taza zumo de naranja
1 cucharadita cáscara de naranja rallada
2 cucharada harina
2 cucharaditas Levadura en polvo
1/2 cucharadita canela
1/2 cucharadita sal
1/2 taza nueces picadas
1/2 taza Pasas

Licúa el huevo y el aceite en un tazón; agregue el jugo de naranja y la cáscara de naranja, mezcle bien. Agregue la mezcla de ingredientes secos, caliente hasta que quede suave. Agregue las nueces y las pasas; deje caer cucharadas a 2 pulgadas de distancia en una bandeja para hornear galletas. Hornee a 375 grados durante 15 minutos o hasta que se dore. Rinde 24 galletas.

BOCADILLOS DE MANTEQUILLA DE cacahuete

1/2 taza mantequilla de cacahuete
1/2 taza miel
1 cucharada germen de trigo tostado
2 cucharadas. leche en polvo sin grasa
1/2 taza Pasas
1/2 taza Coco

Combine mantequilla de cacahuete, miel, germen de trigo y leche en polvo; mezclar bien. Incorpora las pasas. Forme bolas; enrolle el coco, cubriendo bien. Almacenar tapado en refrigerador. Rinde 15 bocadillos.

PIE DE MANZANA DIABÉTICA

4 cucharada manzanas en rodajas
1/2 taza concentrado de jugo de manzana
1 y 1/2 cucharadita harina
1/2 cucharada jugo de limon
1 cucharadita Canela

Mezclar todo junto. Hornee en doble masa a 425 grados durante 40 a 45 minutos.

PIE DE MANZANA DIABÉTICA

4 cucharada manzanas en rodajas
1/3 taza de azúcar morena gemela
1 cucharada. Canela
½ barra de aceite o margarina

Coloque en la base para pastel sin hornear.
Espolvoree azúcar morena gemela sobre las
manzanas; espolvoree canela encima de las manzanas
y edulcorante. Corte el aceite en rodajas finas y
colóquelo sobre la mezcla. Cubra con la corteza
superior y hornee a 400 grados durante 45 minutos.

PASTEL DE CALABAZA PARA DIABÉTICOS

2 claras de huevo
1 cucharada edulcorante igual al azúcar
1 lata de calabaza
1 lata de leche evaporada
Canela
Nuez moscada al gusto

Verter en molde de tarta sin hornear. Hornee a 425
grados durante 15 minutos, luego reduzca el fuego a
350 grados durante 50 a 55 minutos o hasta que esté
listo.

PASTEL DE MELOCOTÓN PARA DIABÉTICOS

1 lata de duraznos sin azúcar
3/4 taza edulcorante igual al azúcar

Calentar en una cacerola y luego espesar con maicena. Retire del fuego y agregue 1 cucharadita de jugo de limón y 1/2 cucharadita de canela. Verter en molde de tarta sin hornear; cubra con la corteza. Hornee a 375 grados hasta que la corteza esté dorada.

GALLETAS DE MANTEQUILLA PARA DIABÉTICOS

1/2 taza mantequilla de cacahuete
1 cucharada. mantequilla, blanda
1/3 cucharada edulcorante igual al azúcar morena
2 claras de huevo
1 cucharada harina
1/4 cucharadita soda
1/2 taza leche desnatada

Mezcle la mantequilla de cacahuete, la mantequilla y el edulcorante. Agregue otros ingredientes, mezcle bien. Deje caer cucharadas en una bandeja para hornear sin engrasar. Hornee a 375 grados durante 12 a 15 minutos. Rinde alrededor de 3 docenas.

PASTEL DIABÉTICO

2 cucharada agua
2 cucharada Pasas
2 cucharada harina
2 huevos
3/4 taza aceite
2 cucharadas. edulcorante liquido
1 1/4 cucharadita canela
1/2 cucharadita nuez moscada
1 cucharadita soda
1 cucharadita vainilla
1 cucharada salsa de manzana sin azúcar

Cocine levantando en el agua hasta que se acabe el agua. Agregue puré de manzana, huevos, edulcorante y aceite; mezclar bien. Incorpora la harina y el bicarbonato de sodio; agregue los ingredientes restantes y mezcle bien. Hornee en una sartén larga y plana a 350 grados durante unos 35 minutos. (Nota: yo uso 3 claras de huevo en lugar de huevos. Esto reduce el colesterol).

GALLETAS DE AVENA DE HIGO

1 y 1/2 taza harina
1/2 cucharadita soda

1/4 cucharadita canela
1/2 taza margarina, ablandada
1/2 taza miel
1/4 taza leche desnatada
2 claras de huevo
2 cucharada Cereal de salvado de avena
1 cucharada higos picados

Mezcle la harina, la soda y la canela. Dejar de lado. En un tazón grande, bata la margarina, la miel, la leche y las claras de huevo. Agregue la mezcla de harina, revolviendo hasta que se combine. Mezclar cereales e higos; deje caer una cucharada en una bandeja para hornear ligeramente engrasada. Aplana ligeramente con el fondo de un vaso enharinado. Hornee a 375 grados durante unos 10 minutos o hasta que esté ligeramente dorado. Rinde 3 docenas de galletas. 2 galletas = 170 calorías

----

ENSALADA DE VERDURAS MUDADAS

1 paquete gelatina de limón sin azúcar
2 cucharada agua hirviendo
2 cucharadas. jugo de limon
2/3 cucharada repollo picado
2/3 cucharada pimiento verde picado
2 rodajas de pimiento
Hojas de lechuga

Disuelva la gelatina en agua hirviendo y revuelva hasta que se disuelva por completo. Agregue el jugo de limón, agregue las verduras picadas y enfríe. Cortar cuando esté firme y servir sobre hojas de lechuga con aderezo bajo en calorías. Esta receta puede ser un alimento gratis. Tiene 20 calorías y grandes cantidades de vitaminas A y cucharada

----

ENSALADA DE JELLO

1 caja de gelatina sin azúcar, de cualquier sabor
8 onzas / 227 gr cCrea agria
8 onzas / 227 gr postre fresco
8 onzas / 227 gr piña machacada

Mezclar bien la gelatina, la crema agria y la piña. Incorpore Cool Whip y enfríe. Sirve 8.

PIÑA FLUFF

2 cucharada piña sin azúcar con jugo
1 y 1/3 taza leche en polvo sin grasa
3 paquetes. Igual
3 cucharadas jugo de limon
1 cucharadita vainilla
1 cucharadita saborizante de mantequilla
1 paquete gelatina de limón o lima

Disuelva la gelatina en 1/2 taza de agua hirviendo. Coloque la piña, la leche en polvo, el sustituto del azúcar, el jugo de limón, la vainilla y el saborizante de mantequilla en la licuadora y mezcle durante 1 minuto, raspando los lados. Agrega la gelatina y licúa 3 minutos más, hasta que esté espumoso. Vierta en un plato cuadrado y refrigere. 4 porciones.

PAN DE PERA

3 cucharada harina
1 cucharadita soda
1/4 cucharadita Levadura en polvo
1 cucharadita sal (opcional)
1 cucharada. canela
1 cucharada nueces picadas
3/4 taza aceite vegetal
3 huevos, ligeramente batidos
2 cucharada azúcar (sustituya 18 paquetes. DULCE & Low o sustituto de azúcar)
2 cucharada peras peladas y ralladas
2 cucharaditas vainilla

Combine los primeros seis ingredientes en un tazón grande. Hacer un hueco en el centro y agregar aceite, huevos, azúcar, peras y vainilla. Revuelva solo hasta que esté húmedo. Poner en 2 moldes para pan engrasados. Hornee a 325 grados durante 1 hora y 15 minutos o hasta que se hagan las pruebas.

PAN DE CALABAZA

1 cucharada acortamiento
1 lata de calabaza
3 1/2 taza harina
1/2 cucharadita Levadura en polvo
1 cucharadita canela
1 cucharadita clavos de olor
1 cucharadita pimienta de Jamaica
3 huevos
1/2 taza más 2 cucharadas. Dulce y Bajo o sustituto de azúcar
1 cucharadita bicarbonato de sodio
1 cucharadita nuez moscada
1/2 taza nueces picadas

Mezcle la manteca, los huevos y la calabaza. En un tazón aparte, combine los ingredientes secos y agregue a la mezcla de calabaza y mezcle bien. Agregue nueces y revuelva. Vierta en 2 moldes para pan engrasados y enharinados y hornee a 325 grados durante 1 hora. Deje enfriar antes de sacar de los moldes.

MUFFINS DE SALVADO DE MANZANA

1 cucharada Brotes de salvado o 100% salvado
1/4 taza aceite vegetal
1 huevo
1 cucharada salsa de manzana sin azúcar
Sustituto de azúcar líquido igual a ¼ cucharada azúcar
(opcional)
2 cucharadas. Sustituto azúcar morena
2 cucharadas. agua
1 cucharada harina para todo uso
1 cucharadita soda
2 cucharadas. suero de leche seco
1/2 cucharadita sal
1 cucharadita canela

Mezcle el salvado, el huevo, el aceite, la compota de
manzana, el sustituto del azúcar, el azúcar morena y
el agua, deje reposar a temperatura ambiente durante
30-45 minutos. Mezcle la harina, la soda, el suero de
leche seco, la sal y la canela. Agregue a la mezcla de
salvado y mezcle a velocidad media solo hasta que la
harina se humedezca. Rocíe los moldes para muffins
con Pam o cúbralos con papel. Llene
aproximadamente la mitad y hornee a 400 grados
durante 20 minutos o hasta que salten hacia atrás
cuando se toque en el centro. Servir caliente. Rinde
12 muffins.

DULCE PIE DE DURAZNO GRATIS

1 y 1/2 taza concentrado o 12 onzas / 340 gr puede
jugo de manzana

3 cucharadas maicena
1 onza / 28 gramos . mantequilla o margarina
1/2 cucharadita canela
6 paquetes. Igual de edulcorante
4 cucharada melocotones frescos o congelados
Cáscara de pastel sin hornear

Cocine hasta que la mantequilla derrita todos los
ingredientes. Vierta la base de la tarta y hornee a 350
grados durante 45 minutos.

PIE DE FRESA SIN AZÚCAR

1 masa de tarta horneada
Fresas frescas
1 caja de gelatina de fresa sin azúcar
postre fresco
Hornee la masa de pastel durante unos 10 minutos a
400 grados. Deje enfriar y cubra con fresas frescas.
Mezclar gelatina. Cuando esté frío, vierta la gelatina
sobre las fresas. Enfríe hasta que cuaje. Cubra con
Cool Whip.

GALLETAS DE AVENA

1 y 1/2 taza avena de cocción rápida, sin cocer

2/3 cucharada mantequilla derretida
2 huevos batidos
1 cucharada. edulcorante liquido
1 y 1/2 taza harina de pastel tamizada
1/2 cucharadita sal
2 cucharaditas Levadura en polvo
1/2 taza leche desnatada
1 cucharadita vainilla
1/4 taza Pasas
1/4 taza nueces, si lo desea

Mida la avena en un tazón, agregue la mantequilla derretida y mezcle bien. Incorpora los huevos y el edulcorante. Agregue los ingredientes secos alternativamente con leche y vainilla, agregue pasas y nueces. Deje caer una cucharadita en una bandeja para hornear galletas. Hornee a 400 grados durante 10 a 15 minutos o hasta que estén doradas. Rinde alrededor de 72 galletas. Cambie 2 galletas por 1/2 de pan y 1/4 de grasa - calorías (2 galletas) = 63.

PASTEL DE PASAS

2 cucharada agua
1 cucharada salsa de manzana sin azúcar
1/2 cucharadita nuez moscada
2 huevos
2 cucharada harina
1/2 cucharadita sal
2 cucharadas. edulcorante liquido
1 cucharadita soda

1 y 3/4 cucharadita canela
2 cucharada Pasas
3/4 taza aceite de cocina
1 cucharadita vainilla

Cocine el agua y las pasas hasta que se acabe el
agua. Agregue puré de manzana, huevos, edulcorante
líquido, mezcle con aceite de cocina, soda, harina,
nuez moscada, canela y sal. Vierta en un molde para
tubo engrasado y hornee por 25 minutos. Bueno
cuando se sirve caliente. Hornee a 325 grados.

FECHA TARTA DE CAFÉ

1/3 cucharada puré de plátanos maduros
1/2 taza mantequilla ablandada
3 unidad huevos
1 1/4 taza agua
1 y 1/2 taza dátiles picados
1 cucharadita vainilla
2 cucharaditas Levadura en polvo
1 cucharadita bicarbonato de sodio
3 cucharada harina blanca sin blanquear

Batir los plátanos triturados y la mantequilla hasta que
esté cremoso, agregar los huevos, la vainilla y el
agua, batir. Mida la harina, el bicarbonato de sodio y
el polvo de hornear, bata bien y agregue los dátiles.
Coloque la masa en un molde para hornear de 9 x 13
pulgadas (23 x 33 cm)engrasado y enharinado y
extienda uniformemente.

--ALIÑO--
1/3 cucharada dátiles picados
1/3 cucharada nueces picadas
1/3 cucharada copos de coco

Combine estos tres y espolvoree sobre la masa. Hornee a 350 grados durante 20 a 25 minutos o hasta que al insertar el cuchillo salga limpio. Deje enfriar sobre una rejilla de 8 a 10 minutos.

FECHA TARTA DE NUEZ

1 barra de margarina
1 huevo
1 cucharadita vainilla
1 cucharada. edulcorante liquido
1 y 1/2 taza salsa de manzana sin azúcar
1 cucharada dátiles picados
1 cucharada nueces pecanas
2 cucharada harina
1/2 cucharadita canela
1/4 cucharadita clavos de olor
2 cucharaditas soda

Mezcle margarina, huevo, vainilla, edulcorante y puré de manzana. Agregue los dátiles y las nueces. Tamice los ingredientes secos y agréguelos a la mezcla mezclando bien. Hornee en un molde para pan a 350 grados durante 1 hora.

MUFFINS DE SALVADO OSCURO

1 cucharada harina para todo uso
1 cucharadita bicarbonato de sodio
1 cucharada todo salvado, salvado o 100% salvado
2 unidad claras de huevo a temperatura ambiente
Sustituto de azúcar líquido igual a 3 cucharadas.
1 cucharada agua
2 cucharadas. aceite vegetal
1/4 taza melaza oscura
1/4 taza suero de leche seco

Coloque la harina, la soda, el salvado y el suero de leche seco en el tazón de la batidora y mezcle a velocidad baja para mezclar. Combine agua, claras de huevo, aceites, edulcorante y melaza y revuelva con un tenedor hasta que se humedezca. Engrase los moldes para muffins con margarina o cúbralos con papel. Llene el molde para muffins hasta la mitad y hornee a 400 grados durante 20 a 25 minutos, o hasta que los muffins salten hacia atrás cuando se toquen en el centro. 97 calorías, 16 gramos de colesterol, 3 gramos de proteína, 3 gramos de grasa, NA 154 miligramos. Intercambios de alimentos por ración, 1 pan, 1/2 grasa.

Frijoles horneados

1 libra / 453 gr de frijoles grandes del norte secos
4 onzas / 115 gramos. jamón cortado al centro picado
6 onzas/170 gramos. pasta de tomate
2 cucharadas. ensalada de mostaza
Agua fría según sea necesario
1 cucharada cebollas picadas
1 y 1/2 cucharadita sal
3/4 taza edulcorante moreno

Lave los frijoles, agregue agua fría para cubrir, hierva. Cocine a fuego lento durante 5 minutos. Retirar del fuego y dejar reposar de 2 a 3 horas. Escurrir bien. Vuelva a cubrir con agua fría hasta aproximadamente 1/2 pulgada por encima de los frijoles. Llevar a ebullición, reducir el fuego, tapar y dejar hervir a fuego lento durante aproximadamente 2 1/2 horas o hasta que los frijoles estén blandos. Mezcle los frijoles y los ingredientes restantes. Coloque en una fuente para hornear poco profunda y hornee sin tapar a 325 grados durante 2 a 3 horas revolviendo cada hora. Porción de 1/3 de taza - calorías 115. colesterol 18 gramos, proteína 7 gramos, grasa 2 gramos, NA 262 miligramos. Intercambio de alimentos, 1 pan, 1 carne magra, Omitir sal para dietas bajas en sodio.

SALSA DE CHOCOLATE

3 cucharadas cacao

4 cucharaditas maicena
1/3 cucharada leche en polvo instantánea
10 (1 gramo) paq. Igual
1/8 cucharadita sal
1 cucharada. margarina
2 cucharaditas vainilla

Revuelva el cacao, la maicena, la leche en polvo y la sal para mezclar en una cacerola pequeña. Agregue el agua a la mezcla seca hasta que quede suave. Agregue la margarina y cocine y revuelva a fuego lento. Deje hervir y cocine a fuego lento durante 2 minutos, revolviendo constantemente. Retírelo del calor. Agregue vainilla y edulcorante a la salsa. Revuelva ligeramente para mezclar. Vierta en un frasco de vidrio y refrigere hasta que se use. Regrese a temperatura ambiente antes de servir sobre helado o se puede calentar para servir sobre pastel o budín. 2 cucharadas por ración. Calorías 31, colesterol 3 gramos, proteína 1 gramo, grasa 2 gramos, NA 52 miligramos. Intercambios de alimentos por ración, 1/2 verdura. Dietas bajas en sodio: omita la sal.

MAYONESA

1/2 cucharadita mostaza seca
Jugo de 1 limón
3/4 taza aceite insaturado
1 cucharadita sal
1 huevo

Ponga los primeros 4 ingredientes en un bol y bata hasta que quede suave. Agregue aceite 1 cucharada a la vez durante aproximadamente 5 adiciones. Batir bien después de cada ALIÑO. Vierta el aceite restante en un chorro fino, batiendo constantemente. Rinde aproximadamente 1 taza. Una cucharadita contiene 3 gramos de grasa y 30 calorías. Valor de cambio 2 cucharaditas, 1 cambio de grasa.

FILETE SUIZO

1 libra / 453 gr de bistec redondo
2 cucharaditas vinagre
Condimentos al gusto
2 medianas cebolla, en rodajas
1/2 taza apio cortado en cubitos

Corte el bistec redondo y córtelo en 4 partes iguales. Golpe para romper el tejido. Dorar la carne por ambos lados. Cubra con agua, agregue vinagre, cebolla, apio y condimentos. Continúe cocinando en el horno o en la estufa hasta que estén tiernas. Se pueden usar dos tazas de jugo de tomate en lugar de agua.
Intercambio 1 ración: 3 carnes.

ESTOFADO DE CARNE

1 libra / 453 gr de carne magra en cubos
2 hojas de laurel
4 unidad patatas, peladas y en cubos
1/4 taza cebollas en rodajas
6 unidad zanahorias enteras

Corte la carne en cubos de 1 y 1/2 pulgada, dore por
todos lados. Cubra la carne con agua hirviendo,
agregue las cebollas y las hojas de laurel. Tape la olla
y cocine a fuego lento durante 1 y 1/2 horas. Agregue
las verduras y cocine otros 30 minutos.

PASTEL DE CARNE

1 libra / 453 gr de carne molida magra
1 cucharada. cebolla picada
1/4 cucharadita Salsa inglesa
1/2 cucharadita edulcorante líquido artificial
2 cucharadas. pimiento verde picado
1 y 1/2 taza jugo de tomate
1/2 cucharadita sal
1/4 cucharadita pimienta

Mezcle los ingredientes y moldee en un molde para
pan. Hornee en un horno moderado (375 grados)
durante 30 a 45 minutos. Rendimiento: 4 porciones.
Intercambio: 1 ración para 3 carnes y 1 verdura.

FILETES DE PESCADO AL HORNO

1 libra / 453 gr de filetes de pescado
1/2 cucharadita sal (opcional)
4 cucharaditas margarina liquida
1/4 taza leche desnatada
4 cucharadas migas de pan finas y secas

Cortar los filetes en cuatro porciones y remojar 3
minutos en leche. Escurrir y enrollar en pan rallado.
Coloque el pescado en una fuente para hornear
engrasada. Hornee en un horno muy caliente (450 a
475 grados), espere 8 minutos si el pescado está
fresco y 15 minutos si el pescado está congelado, o
hasta que el pescado se desmenuce fácilmente con un
tenedor. Rendimiento: 4 porciones. Intercambio: 1
ración para 3 carnes y 1/2 pan y 1 grasa.

PIMIENTA VERDE RELLENA

1 unidad pimiento verde
3 cucharadas rasas. ARROZ cocido y escurrido
Sal y pimienta al gusto
1 cucharadita cebolla picada

1 cucharadita apio picado
1/3 cucharada jugo de tomate

Lave y corte el extremo del tallo del pimiento verde y retire las semillas y la membrana. Coloque en una sartén con ½ "a 1" de agua en el fondo. Mezcle el ARROZ cocido, la cebolla picada, el apio, la sal, la pimienta y el jugo de tomate. Rellena el pimiento verde con la mezcla de ARROZ Hornee en un horno moderado de 350 a 375 grados rociando con frecuencia hasta que las cebollas estén tiernas, aproximadamente 30 minutos. 1 porción por pimiento verde. Cambio por 1 cambio de verduras y 1 cambio de pan.

SOPA DE VERDURAS

3 cucharada caldo
1/4 taza cebollas picadas
1/4 taza ejotes cortados en tiras
2 cucharadas. nabo cortado en cubitos
1/4 taza zanahorias en cuadritos
1/4 taza repollo rallado
1 cucharada. apio, finamente picado
Sal, pimienta, condimento

Agregue las verduras preparadas al caldo de sopa. Cocine hasta que las verduras estén tiernas (aproximadamente 1/2 hora). Sazone al gusto. Servir caliente. NOTA: En esta receta se puede usar cualquier combinación de vegetales, siempre que su valor de cambio se sume a un intercambio de vegetales. Cambie 1 porción por 1 porción de vegetales.

TOMATE AL HORNO

1 medianas tomate de tamaño
Otros condimentos al gusto
1/2 cucharadita perejil picado
Sal pimienta
1/2 cucharadita cebolla picada
1/2 cucharadita salvia o cebollino

Lavar el tomate y cortar el tallo. Coloque en una fuente para hornear pequeña con un poco de agua en el fondo, aproximadamente 1/2 pulgada. Espolvorea con los condimentos que prefieras. Hornee en un horno moderado (350 grados) hasta que el tomate esté tierno pero no tan suave que se deshaga. Aproximadamente de 15 a 20 minutos. Rinde 1 porción. Cambio por 1 cambio de verduras.

ASADO EN POTE CON ESPECIES

2 libras (900 gramos) de carne deshuesada
1 hoja de laurel
Sal, pimienta, vinagre, agua
1 medianas Cebolla rebanada
1 cucharadita bayas de pimiento enteras

Frote la carne con sal y pimienta y colóquela en un tazón de vidrio. Agregue la cebolla, la hoja de laurel y las bayas enteras de pimiento, marine la carne en partes iguales de vinagre y agua durante 24 horas. Escurre y reserva el líquido. Coloque la carne en una fuente para asar, dore bien. Agrega 3 cucharadas de la mezcla de vinagre especiado. Tape y cocine en horno lento durante 1 y 1/2 horas. 8 porciones. Cambie una porción de 3 onzas o 3 rebanadas de 4 x 2 x 1/4 pulgadas cada una por 3 intercambios de carne.

DELICIA DEL PERRITO CALIENTE

1 salchicha cocida
1 rebanada de queso procesado en rodajas
1 tira de tocino parcialmente cocido
1 rollo de salchicha

Enrolle el queso alrededor de la salchicha que se ha cocinado y enrolle el tocino parcialmente cocido alrededor del queso y la salchicha. Sujete con palillos de dientes. Ase durante 1 o 2 minutos. Coloque sobre un pan de salchicha caliente. 1 porcion. Intercambio por 2 intercambios de carne, 1 intercambio de grasas y 2 intercambios de pan.

DUNK DE VERDURAS CON QUESO DE CASA

2 (8 onzas / 227 gr) cajas de requesón bajo en grasa
1 taza (4 onzas / 115 gramos) de queso americano procesado bajo en grasa, rallado
3 cucharadas de yogur natural sin azúcar bajo en grasa,
2 cucharadas de rábano picante preparado
1/2 cucharadita de pimienta
1/4 cucharadita de sal
2 cucharadas de pimiento verde picado
2 cucharadas de cebolla picada

Mezcle el requesón, el queso americano, el yogur, el rábano picante, la pimienta, la sal, el pimiento verde y la cebolla picada. 28 porciones. Intercambio gratuito. Calorías 22, trazas de grasa, colesterol 1 miligramo, carbohidratos 1 gramo, trazas de fibra, proteína 3 miligramos, sodio 134 miligramos.

ENSALADA DE COL

1 cucharada. cebolla finamente picada
1 cucharada. mayonesa baja en grasa
2 cucharada repollo finamente rallado
2 cucharaditas mostaza preparada
1/4 cucharadita sal
Semillas de sésamo tostadas

Mezcle los ingredientes del aderezo y mezcle con el repollo. Adorne con semillas de sésamo tostadas (o germen de trigo). 4 porciones. La receta total contiene 11 gramos de carbohidratos, 4 gramos de proteína y 0 gramos de grasa. Una porción (1/2 taza) contiene 3 gramos de carbohidratos y vitamina cucharada Valor de intercambio 1 vegetal del grupo A.

CUADRADOS DE SALVADO DE MANZANA

1 cucharada harina para todo uso
1 cucharadita canela
1/4 cucharadita clavo o nuez moscada
1/2 taza aceite (temperatura ambiente)
2 unidad claras de huevo (temperatura ambiente)
1 cucharadita vainilla
Azúcar líquido igual a 1/2 cucharada azúcar
2/3 cucharada brotes de salvado

1/2 taza copos de avena
2 cucharadas. azúcar morena
1/2 cucharadita sal
1/2 cucharadita bicarbonato de sodio
1/3 cucharada nueces picadas
1 cucharada salsa de manzana sin azúcar

Coloque los ingredientes secos en el tazón de la batidora y mezcle a velocidad baja durante 1 minuto. Agregue aceite, claras de huevo, vainilla, sustituto de azúcar, nueces y puré de manzana a la mezcla de harina y mezcle a velocidad media durante 1 minuto o hasta que se mezclen. Extienda uniformemente en un molde para pasteles de 9 x 13 que haya sido engrasado con aceite o rociado con spray PAM. Hornee a 375 grados durante 25 a 30 minutos o hasta que se dore y comience a desprenderse de los lados del molde. Cortar en cuadrados de 3 x 5 y servir tibio oa temperatura ambiente. Un cuadrado por ración. Calorías 135, colesterol 14 miligramos, grasa 8 gramos, NA 24 miligramos, 1 pan y 1 y 1/2 de grasa.

ADEREZO DE ENSALADA CERO

1/2 taza jugo de tomate
1 cucharada. cebolla finamente picada
2 cucharadas. jugo de limón o vinagre
Sal y pimienta al gusto

Si lo desea, puede agregar perejil picado o pimiento verde, rábano picante o mostaza. Combine los ingredientes en un frasco con una tapa bien ajustada. Agitar bien antes de usar. Úselo como desee.

AZÚCAR - PASTEL DE MANZANA GRATIS

4 cucharada manzanas peladas en rodajas
1/2 taza concentrado de jugo de manzana congelado
1 cucharadita especias para tarta de manzana o canela
1/2 cucharadita jugo de limón, opcional
2 cucharaditas tapioca o maicena

Mezcle las manzanas, el concentrado de jugo de manzana, el espesante y las especias y revuelva hasta que las manzanas estén bien cubiertas, agregue jugo de limón, si lo desea, para mantener las manzanas de un color más claro. Prueba 1 tronzaso de manzana para comprobar la especia. Vierta en el molde para pastel forrado con masa y cubra con la segunda corteza o tiras de masa. Selle los bordes y corte ranuras en la corteza superior para permitir que salga el vapor. Hornee a 425 grados durante 40 a 45 minutos, o hasta que estén doradas. Sirva caliente o frío.

SALSA DE LIMÓN

2 cucharada agua
2 cucharadas. maicena
1/8 cucharadita sal
Corteza rallada de 1 limón
2 cucharadas. margarina
2 cucharadas. jugo de limon
1 gota de colorante amarillo para alimentos

Combine agua, maicena y sal. Revuelva hasta que quede suave en una cacerola pequeña. Cocine y revuelva a fuego medio hasta que espese y se aclare, luego continúe cocinando a fuego lento, revolviendo constantemente durante otros 2 minutos. Retire del fuego y agregue los ingredientes restantes a la salsa, revuelva ligeramente para mezclar bien. Sirva caliente sobre pastel o budín. 1/4 taza por ración. 38 calorías, 3 gramos de colesterol, nege gramos de proteína, 3 miligramos de grasa, 68 miligramos NA. 1/2 grasa, 1/2 vegetales intercambiados.

GALLETAS DE MANTEQUILLA DE cacahuete

1/2 taza de mantequilla de cacahuete gruesa
1/3 taza de aceite (ambos a temperatura ambiente
1/4 taza de melaza oscura
2 cucharaditas de sustituto de azúcar líquido

1 1/4 taza harina para todo uso
12 cucharadita de bicarbonato de sodio
18 cucharadita de sal

Batir juntos a velocidad media hasta que quede
suave:
mantequilla de cacahuete, aceite (ambos a
temperatura ambiente), sustituto del azúcar. Dejar de
lado. Luego, tamice la harina, el bicarbonato de sodio
y la sal juntos. Agregue a la mezcla de crema, mezcle
a velocidad media hasta que quede suave. Deje caer
una cucharada en una bandeja para hornear forrada
con papel de aluminio. Presione ligeramente con los
dedos sumergidos en agua fría para formar círculos de
2 pulgadas de ancho. Hornee a 375 grados durante 10
a 12 minutos o hasta que esté ligeramente dorado.
Retirar a una rejilla de alambre. 2 galletas por ración.
140 calorías, 13 gramos de colesterol, 4 gramos de
proteína, 9 gramos de grasa, 169 miligramos NA. 1
pan y 2 intercambios de grasa.

BATIDO DE FRUTAS

 Coloque lo siguiente en la licuadora: 1/2 taza. jugo
de papaya
1/3 cucharada avena a la antigua
1 cucharada. leche en polvo desnatada
2 envases Igual
1/2 taza frutas congeladas (fresas, frambuesas,
moras, arándanos)

y puré de manzana sin azúcar mezclado, O 1/2
plátano
2 cucharadas. jugo de naranja congelado, sin diluir
1/2 taza leche (2% o menos)
1 cucharadita vainilla

Licúa, vierte en un vaso grande y ¡DISFRUTA!

GALLETAS DE FRUTAS Y ESPECIAS

2 tazas de dátiles
1 y 1/2 tazas de pasas
3 huevos (o 1/2 caja de Eggbeaters)
2 1/2 tazas de harina
1/2 libra / 226 gr de aceite
1/4 taza de azucar
1/4 taza de sustituto de azúcar + 2 cucharaditas
colmadas. más sustituto de azúcar
1/4 cucharadita pimienta de Jamaica
1/2 cucharadita sal
1 y 1/2 taza avena de cocción rápida
1/3 cucharada aceite
1/4 cucharadita clavos de olor
1 y 1/2 cucharadita canela
2 cucharaditas soda
2 cucharaditas Vainilla
1 cucharadita Nuez moscada

Mezclar dátiles, pasas. Luego agregue los huevos.
Déjelo en remojo. Mezclar como corteza de pastel:
harina, aceite, azúcar, sustituto del azúcar. Use
medidas generosas para las especias:

Mezcle los ingredientes restantes hasta que estén bien combinados. Agregue la mezcla de frutas y huevo y mezcle. También puede agregar 1/2 a 1 taza de piña triturada y sin escurrir, si lo desea. Deje caer de la cuchara en una bandeja para hornear ligeramente engrasada. Hornee a 375 grados durante 10 minutos. Rinde alrededor de 5 docenas.

PAN DE JENGIBRE

1 cucharada harina sin remover
1/2 cucharadita bicarbonato de sodio
1/4 cucharadita sal
1/2 cucharadita canela
1/2 cucharadita jengibre
3 cucharadas manteca
1 huevo
1/2 taza melaza
6 cucharadas agua hirviendo

Combine la harina, la soda, la sal, la canela y el jengibre, mezclando bien; dejar de lado. Batir la mantequilla hasta que esté esponjosa, agregar el huevo y la melaza, mezclando bien. Agregue los ingredientes secos, alternativamente con agua. Ponga en un molde para hornear de 8 pulgadas engrasado. Hornee en horno a 325 grados durante unos 25 minutos o hasta que esté listo. Rinde 12 porciones. 102 calorías por ración.

ENSALADA DE QUESO JELLO COTTAGE

1 paquete (3 y 1/2 onzas (100 gramos)) gelatina de lima
1 paquete (3 y 1/2 onzas (100 gramos)) gelatina de limón
3 cucharada agua y jugo de piña hirviendo
1 lata (8 1/2 onzas) De piña triturada
1 lata de leche evaporada estándar
1 cucharada mayonesa
1 cucharada requesón

¡Mezcla todos los ingredientes y disfruta!

BROWNIES BAJOS EN CALORÍAS

2 cucharada migas finas de galletas Graham, (28 galletas)
1/2 cucharadita canela
1/4 cucharadita sal
1 cucharada leche desnatada
1 cucharadita vainilla
1/2 taza tronzasos de chocolate semidulce, derretidos
1/2 taza nueces picadas
1 cucharada. azúcar en polvo tamizada

Combine las migas, la canela y la sal. Agregue la leche y la vainilla, mezclando bien. Agrega el chocolate y las nueces; Mezclar bien. Conviértalo en un molde ligeramente engrasado de 9 pulgadas. Hornee en horno precalentado a 350 grados durante 15 a 20 minutos, o solo hasta que esté listo. Dé vuelta a la rejilla para que se enfríe. Cortar en 40 pedazos; espolvoree azúcar en polvo por encima. 44 calorías por pieza.

ENSALADA DE VACACIONES MOLDEADA

1 unidad paq. gelatina de fresa o cereza sin azúcar
1 paquete Picadillo CONDENSADO

Disuelva la gelatina en dos tazas de agua hirviendo. Agrega una taza de agua fría. Frio. Desmenuza la carne picada en 1 1/4 tazas de agua. Coloque la sartén al fuego y deje hervir, revolviendo y cocine hasta que espese. Dejar enfriar. Agregue a la gelatina enfriada y vierta en una sartén poco profunda y refrigere. Cuando esté listo, córtelo en cuadrados, colóquelo en una hoja de lechuga y sírvalo con mayonesa o Cool Whip.

MOLDE NARANJA-PIÑA

1 (No. 2) lata de piña triturada, en jugo de piña sin azúcar
2 envases gelatina sin sabor
1/4 taza azúcar
1/4 cucharadita sal
1 cucharada jugo de piña sin azúcar (de piña triturada)
3 huevos, separados
1 cucharada jugo de naranja fresco
1 cucharada suero de la leche
1 cucharadita cáscara de limón rallada
1 cucharadita cáscara de naranja rallada

Escurre la piña, reservando el jugo. Combine la gelatina, el azúcar y la sal en una cacerola. Agregue una pequeña cantidad de jugo de piña para hacer una pasta suave. Agregue las yemas de huevo y mezcle bien. Agregue el jugo de piña restante. Cocine, revolviendo, a fuego medio hasta que la gelatina se disuelva y la mezcla cubra una cuchara. NO HERVIR. Retire del fuego y deje enfriar a tibio, revolviendo ocasionalmente. Agregue jugo de naranja, suero de leche, limón y cáscara de naranja; Mezclar bien. Deje enfriar hasta que la mezcla comience a espesarse. Bata las claras de huevo hasta que se especen; incorporar a la mezcla de gelatina junto con 1 taza de piña escurrida. Conviértalo en un molde de 6 tazas. Deje enfriar varias horas hasta que cuaje. Desmolda en un plato para servir y decora al gusto. Rinde 8 porciones. 119 calorías por ración.

PIE DE PIÑA Y QUESO

1 cartón (24 onzas / 680 gramos) de requesón
1 paquete Gelatina Knox
1 huevo
1 unidad lata de piña triturada
3 paquetes. Dulce y bajo
2 cucharaditas vainilla
2 cucharaditas jugo de limon
1 cucharadita sabor a ron
Canela

Procese el requesón hasta que quede suave y reserve.
Escurre el jugo de piña en un tazón, agrega la gelatina
Knox y deja reposar por cinco minutos. Al requesón
agregue huevo, DULCE & Low, jugo de limón y
saborizantes. Mezclar bien. Agregue la mezcla de jugo
de piña y vuelva a licuar. Agrega la piña a la mezcla
de queso. Vierta en un molde para pastel de 8 o 9
pulgadas y espolvoree con canela. Hornee por 30
minutos en horno a 350 grados. Déjelo enfriar y
déjelo en el refrigerador durante la noche.
1 lata (15 onzas / 140 gramos) de piña triturada,
escurrida
1 paquete Dulce y bajo
1 cucharadita maicena
1 cucharadita saborizante de ron

Al jugo de piña escurrido, agregue DULCE & Low y maicena. Cocine a fuego medio, revolviendo, hasta que la mezcla esté suave y espesa. Agregue saborizante de piña triturada y ron. Deje enfriar y sirva sobre un pastel

----

ENSALADA DE PIÑA

1 paquete postre de gelatina de limón o lima bajo en calorías
1 cucharada agua hirviendo
1 lata (8 onzas / 227 gr) de piña triturada en jugo de piña sin azúcar
1/2 de 12 onzas / 340 gr lata de bebida carbonatada sin azúcar de cítricos o lima-limón
4 onzas / 115 gramos. cobertura batida (aproximadamente 1/2 de un recipiente de 8 onzas / 227 gr)

GALLETAS DE ARROZ KRISPIES

1/4 taza azúcar morena
1/4 taza sustituto de azúcar más 2 cucharaditas colmadas. de sustituto de azúcar (16 envases de sustituto de azúcar de Weight Watchers)
1/2 libra / 226 gr de aceite

Mezclar bien. 1 taza de aceite agregue a 3 huevos (o use 1/2 de Eggbeaters), 2 cucharaditas de vainilla. Mezcle los ingredientes secos y mezcle bien.

Primero mezcle los ingredientes secos:
3 1/2 taza harina
1 cucharadita Levadura en polvo
1 cucharadita crema tártara
1/2 cucharadita sal
1 cucharada avena de cocción rápida
1 y 1/2 taza ARROZ crujiente
3/4 taza nueces

ENSALADA DE FRESA Y RUIBARBO

2 cucharada ruibarbo cocido (endulzado al gusto)
1 paquete gelatina de fresa
1/2 taza nueces finamente picadas
1/2 taza apio finamente picado
1 paquete (3 onzas / 85 gramos) queso crema, ablandado

Mezcla bien todos los ingredientes juntos.

BARRAS SIN AZÚCAR

3 plátanos, machacados
2 huevos
1/3 cucharada Saffola
1 cucharada suero de la leche
1 cucharada harina
2 cucharaditas canela
1 cucharadita nuez moscada
1 cucharadita clavos de olor
1 cucharadita pimienta de Jamaica
1 cucharadita soda
2 cucharada copos de avena a la antigua
1 cucharadita vainilla
1 cucharada dátiles picados
1/2 taza nueces picadas

Combine la harina y las especias, mezclando bien; dejar de lado. Batir los plátanos, los huevos, la azafila, el suero de leche y la vainilla, mezclando bien. Agregue los ingredientes secos, luego agregue los dátiles, las nueces y la avena. Coloque en un molde para hornear engrasado de 9x13 pulgadas. Hornee en horno a 325 grados durante unos 25 minutos o hasta que esté listo.

PANES DULCES Y SETAS

1 libra / 453 gr de mollejas
3 cucharada agua
1 cucharada. vinagre
2 cucharaditas sal (condimentada)
1 y 1/2 cucharada manteca

2/3 cucharada cebolla verde picada
2 cucharada champiñones frescos en rodajas
1/8 cucharadita tomillo
1/2 taza Jerez

Lavar las mollejas y remojarlas en agua fría durante 20 minutos. Escurre y agrega las 3 tazas de agua, vinagre y 1 cucharadita de sal. Llevar a hervir; tape y cocine a fuego lento durante 20 minutos hasta que estén tiernos. Deje enfriar en líquido durante 20 minutos. Drenar; quitar las membranas y cortar las mollejas en dados; dejar de lado. Derrita la mantequilla en una sartén antiadherente. agregue la cebolla y saltee durante 5 minutos. Agregue los champiñones y saltee 5 minutos más. Espolvoree el tomillo y la sal restante. Agrega las mollejas y el jerez. Tape y cocine a fuego lento hasta que esté completamente caliente. Servir inmediatamente. Rinde 6 porciones. 130 calorías por ración.

ADEREZO MIL ISLAS

Revuelva: 2 cucharada yogurt natural
2 huevos duros, picados
Suficiente salsa de tomate para hacer un color coral.

Variaciones: agregue uno o dos sobres de Equal si desea un aderezo más dulce. Use salsa para bistec si le conviene un sabor más fuerte.

SCALLOPINI DE TERNERA

1 y 1/2 libra / 680 grs ternera, redondo o lomo
2 cucharadas. harina
1 y 1/2 cucharadita sal sazonada
Pizca de pimienta
1 cucharada. manteca
2 cucharada champiñones frescos en rodajas
1/4 taza caldo de carne
2 cucharadas. Jerez seco

Recorta bien la carne y córtala en 6 tronzasos.
Combine la harina, la sal y la pimienta; espolvorear
por ambos lados de la ternera. Derrita la mantequilla
en una sartén antiadherente; agregue la carne y dore
rápidamente por ambos lados; transfiéralas a una
fuente para servir caliente para mantenerlas calientes.
Agregue los champiñones y saltee unos 5 minutos;
agregue el caldo de res y el jerez. Cocine a fuego alto
durante aproximadamente 1 minuto. Sirva sobre
ternera. Rinde 6 porciones. 252 calorías por ración.

ADEREZO DE TOMATE BAJO EN CALORÍAS

1 cucharada jugo de tomate
1/4 taza aceite para ensalada

1/4 taza vinagre
1 cucharadita sal
1 cucharadita mostaza seca
1/4 cucharadita sal de ajo
1/4 cucharadita sal de cebolla
1 cucharada. salsa de bistec

Combine todos los ingredientes y bata bien para mezclar bien. Enfriar. Bueno para ensaladas verdes. Rinde 1 y 1/2 tazas. Calorías totales: 458; 19 calorías por cucharada.

ADEREZO PARA ENSALADA BAJO EN CALORÍAS

1/2 taza requesón
1/2 taza suero de la leche
1/2 limón, pelado y sin semillas
1 cucharadita sal
1/2 cucharadita pimenton
1/2 pimiento verde
4 rábanos
Pizca de sal

Pon todos los ingredientes en una licuadora y licúa hasta que el pimiento verde y los rábanos estén finamente picados.

ADEREZO DE ENSALADA DE YOGUR

2 cucharada yogur
3-4 cucharadas salsa de soja
1/4 taza semillas de sésamo tostadas
2 cucharadas. semillas de apio
2 cucharadas. eneldo
1 cucharada. Cebolla picada

Combine los ingredientes y mezcle en la licuadora.

ADEREZO DE ENSALADA DE PIÑA

1 cucharada jugo de piña
1/2 taza azúcar
1 cucharada. maicena
1 clara de huevo batida
Pizca de sal
2 cucharadas. jugo de limon
1/4 cucharadita cáscara de limón rallada

Cocine el jugo de piña, la maicena y la sal hasta que espese. Doble en último lugar la clara de huevo batida. Se puede agregar crema batida si se desea un aderezo más rico.

POLLO SIN SAL

Coloque los tronzasos de pollo en una fuente para
hornear engrasada. Espolvorear sobre pollo:
2 cucharaditas ajo molido
Cáscara de limón rallada
Jugo de 1/2 limón
Tomillo y orégano
2 cucharadas. agua o caldo sin sal
Espolvorear de aceite

Hornee en el horno durante unos 30 minutos (o hasta
que estén doradas) a 350 grados.

GUISADO DE CARNE AL HORNO

2 libras (900 gramos). carne para estofado de ternera,
magra
2 medianas cebollas picadas
1 cucharada cortar el apio
2 cucharada (o más) zanahorias en rodajas
3 o 4 medianas patatas, picadas
2 cucharadas colmadas. tapioca
1 cucharada. azúcar
1 cucharada. sal
Aproximadamente 2 cucharada jugo de tomate

Ponga en una cacerola grande o en un asador con tapa hermética. Espolvorear con perejil picado, tapar y hornear a 250 grados durante 5 a 7 horas. Puede omitir la sal para una dieta sin sal.

PESCADO AL HORNO

Cualquier filete de pescado
1/4 taza margarina
1 cucharada. jugo de limon
1/4 cucharadita pimienta recién molida
1/4 cucharadita albahaca

Derretir la margarina, agregar jugo de limón, pimienta y albahaca. Sumerja los filetes en la mezcla y luego en el pan rallado seco. Colocar en una capa en una sartén engrasada. Hornee a 400 grados durante 15 minutos o hasta que esté listo. Bueno para una dieta baja en colesterol y sin sal.

BARRAS DE FRUTAS PARA DIABÉTICOS

- MEZCLA DE FRUTAS--
1/2 taza Pasas
1/2 taza ciruelas pasas picadas
1 cucharada agua

Hervir las frutas juntas durante 5 minutos. Agregue 1/2 taza de mantequilla o margarina, deje enfriar.
--MASA--
2 huevos batidos
1 cucharadita soda
1 cucharadita vainilla
1/4 cucharadita sal
1/2 cucharadita canela
1/4 cucharadita nuez moscada
1 cucharada harina
1/2 taza nueces picadas

Agregue la masa a la mezcla de frutas. Hornee en una sartén engrasada de 11 "x 7" a 350 grados durante 25 a 30 minutos. Dejar enfriar y cortar.

MEZCLA DE SOPA SECA SIN SAL

2 cucharada leche en polvo sin grasa
3/4 taza maicena
1/4 taza caldo de pollo instantáneo
2 cucharadas. hojuelas de cebolla seca
1 cucharadita tomillo
1 cucharadita albahaca
1/8 cucharadita pimienta

Use 1/3 de taza de mezcla en 1 taza de agua hirviendo. Puede agregar verduras. Granos de maíz enteros, restos de carne.

SUSTITUTO DE HUEVO

1 cucharada. leche en polvo
2 claras de huevo, de unidad huevos
2 cucharaditas aceite de maíz
4 gotas de colorante amarillo para alimentos
unidad cuenco

Espolvoree la leche en polvo sobre las claras de huevo
y el batido de aceite con un tenedor agregue el batido
colorante hasta que quede suave. Rinde 1 huevo.

BARRAS DE FECHA PARA DIABÉTICOS

Noche anterior: Mezcle 1 taza de dátiles picados, 1 y 1/2 tazas de puré de manzana (sin azúcar). Corta los dátiles en puré de manzana. Agregue de 3 a 4 paquetes iguales, refrigere durante la noche. 1 cucharadita vainilla 1/2 cucharada margarina, derretida 2 cucharada harina 2 cdta. gaseosa 1/4 cucharadita. clavos 1/2 cdta. canela Mezcle los ingredientes secos. Agrega los huevos batidos, la margarina y la vainilla. Agregue la mezcla de dátiles al final. Vierta en un molde de 9 " / 23 cmx13". Espolvorea con 1/2 taza de nueces picadas. Hornee a 350 grados durante 30 minutos.

PASTEL DE CARNE

Alterado por dieta baja en sal, sin azúcar, baja en colesterol. 1/2 taza migas de pan seco 1/4 taza leche en polvo 1/2 cucharada agua 1/4 taza pimiento verde picado 1 medianas cebolla picada 2 claras de huevo 1/4 cucharada salsa de tomate baja en sodio 2 cdtas. rábano picante preparado 1 cucharadita. mostaza preparada Combine los ingredientes; mezclar bien. Empaque en un molde para pan de 9 " / 23 cmx5" o en 2 moldes pequeños. Untar con cobertura:

--ALIÑO--
3 cucharadas edulcorante igual al azúcar morena
1/4 taza ketchup ligero bajo en sodio
1/4 cucharadita nuez moscada
1 cucharadita mostaza seca

Licue todos los ingredientes. Si se prepara en 2 cacerolas pequeñas, una se puede congelar. Hornee durante 45 minutos a 375 grados.

POLLO DULCE Y AMARGO

1/2 taza pimiento verde picado
1/2 taza zanahorias picadas
1/2 taza cebolla picada
3/4 taza salsa de tomate lite
2 cucharadas. Vinagre
2 cucharadas. salsa de soja baja en sodio
1 cucharada jugo de piña
1/4 taza edulcorante igual al azúcar morena
1/2 cucharadita polvo de ajo
1/4 cucharadita pimienta recién molida
Una pizca de jengibre molido
1 cucharada tronzasos de piña, escurridos

Caliente la margarina en una sartén grande hasta que se derrita. Agregue pimiento verde, zanahorias y cebolla. Cocine y revuelva durante 5 minutos. Agregue salsa de tomate, jugo de piña, vinagre, salsa de soja, sustituto de azúcar, ajo en polvo, pimienta y jengibre. Cocine, revolviendo, hasta que hierva. Agrega los tronzasos de piña. Acomode las partes de pollo sin piel (alrededor de 3 libras) en un molde de 9 " / 23 cmx 13". Vierta la salsa sobre todo. Cubra bien con papel de aluminio. Hornee durante 45 minutos en horno a 400 grados. Destape y hornee por 30 minutos o hasta que esté listo. Sirve con ARROZ Buena receta para quienes siguen una dieta baja en colesterol, sin sal y sin azúcar.

CASEROLA CLUB TURQUÍA

1/4 taza margarina
1/3 cucharada harina
1 cucharada pavo*
2 cucharada leche desnatada
1 y 1/2 cucharadita sal
1/2 taza almendras blanqueadas, rebanadas y tostadas
1 cucharada ARROZ integral, cocine y debe rendir 4 cucharada
2 1/2 tazas pavo cocido cortado en cubitos
1 lata (3 o 4 onzas / 115 gramos) De champiñones, escurridos
1/2 taza pimiento picado
1/3 cucharada pimiento verde picado

Colocar el caldo de pollo elaborado con 2 cucharaditas de caldo de pollo en 1 taza de agua. Cocina ARROZ En una sartén grande, derrita la margarina y mezcle la harina. Agregue el caldo y la leche. Cocine a fuego lento hasta que espese, revolviendo constantemente. Agregue el resto de los ingredientes, excepto las almendras. Vierta en una fuente tratada con spray de 9 " / 23 cmx13". Cubra con almendras y hornee a 350 grados, sin tapar. Puede omitir la sal para una dieta baja en colesterol sin sal.

ENSALADA DE ZANAHORIA

1 y 1/2 taza zanahorias ralladas
1 cucharada Pasas
1/2 taza el apio en rodajas
1/2 taza nueces picadas
1/3 cucharada mayonesa
1/4 cucharadita sal (o cucharada)

Combine los ingredientes y enfríe. (Puede usar mayonesa "light", sin colesterol).

BARRAS DE RUIBARBO

1 y 1/2 taza azúcar
2 cucharadas. Maicena
1/4 taza agua
1 cucharadita de vainilla
1 y 1/2 taza harina
1 cucharada azúcar morena
1/2 cucharadita soda
1 cucharada mantequilla blanda o margarina
1/2 taza nueces picadas

Mezcle el azúcar, la maicena y el agua, cocine hasta que espese. Agrega la vainilla. Mezcle la harina, el azúcar, la gaseosa, la mantequilla y las nueces hasta que se desmoronen: Coloque aproximadamente 2/3 de la mezcla de migajas en un molde de 9 " / 23 cmx 13". Vierta sobre la mezcla de ruibarbo. Cubra con las migas restantes. Hornee de 30 a 35 minutos a 375 grados.

GAZPACHO

4 tomates, en cuartos
1/2 cm. Cebolla rebanada

1/2 pimiento verde, sin semillas, en rodajas
1/2 pepino, en rodajas
4 ramitas de perejil
1 diente de ajo
1 cucharadita caldo de carne instantáneo
1 cucharadita sal (o cucharada)
1/4 cucharadita pimienta
2 cucharadas. aceite de canola (puritano)
2 cucharadas. vinagre
3/4 taza agua fría
2 cubitos de hielo

Pon todos los ingredientes en la licuadora. Cubrir. Licue durante 15 segundos o hasta que todos los ingredientes pasen por las cuchillas. No mezcle demasiado. Sirva adornado con picatostes tostados o cualquiera de las verduras utilizadas en la sopa, en rodajas finas o picadas. Rinde seis porciones. Servir frío.

BROWNIES

1/2 taza (1 barra) margarina
1 y 1/2 (1 onzas) Cuadrados de chocolate sin azúcar
1 cucharada azúcar
2 huevos
1 cucharadita vainilla
3/4 taza harina
1/2 cucharadita Levadura en polvo

1/2 cucharadita sal
1/2 taza nueces picadas

Derretir la margarina y el chocolate en una cacerola a fuego muy lento. Retire del fuego, mezcle y agregue el azúcar. Añade huevos, de uno en uno, batiendo bien. Agrega la vainilla. Tamice la harina, el polvo de hornear y la sal y mezcle con la mezcla de chocolate. Vierta en un molde cuadrado engrasado de 9 " / 23 cm. Espolvoree nueces por encima. Hornee a 350 grados durante 25 minutos. Corte en cuadrados antes de que se enfríe completamente. * Cortar la punta con un cuchillo de plástico hará que el corte sea más suave.

SOPA DE CALABACINES

2-4 cucharadas mantequilla o margarina
2 unidad cebollas blancas, en rodajas finas
1 unidad costilla de apio, raspada y en rodajas finas
1 unidad zanahoria, raspada y en rodajas finas
3 cucharada caldo de pollo*
3 medianas calabacín, sin pelar y cortado en cuartos a lo largo y en rodajas finas
Sal (o cucharada) Y pimienta (al gusto)

* Puede prepararse con gránulos de caldo de pollo bajo en sal. En una olla para sopa, derrita la mantequilla o la margarina y saltee las cebollas, el apio y la zanahoria hasta que estén blandas. Agregue 1/2 taza de caldo y calabacín. Cocine hasta que el calabacín esté tierno, de 10 a 12 minutos. Agregue el caldo restante y cocine a fuego lento hasta que las verduras estén tiernas, pero aún mantengan su forma. Sazone al gusto. Sirva caliente, espolvoreado con queso si lo desea. Rinde 6 porciones (puede agregar más zanahorias y apio si lo desea).

SOPA DE VEGETALES PETER'S GRILL

1/2 taza cebollas, cubos de 1/2 "
1/2 taza apio, cubos de 1/2 "
1/2 taza zanahorias, cubos de 1/2 "
1/2 taza patatas, cubos de 1/2 "
1 lata (16 onzas/454 gramos) de tomates enteros
1/2 cucharadita azúcar
1 cucharada vegetales mixtos congelados
5 cucharada agua
Sal y pimienta al gusto

En una tetera, sofría las cebollas, el apio, las zanahorias y las patatas durante unos 15 minutos. Agregue los tomates, el azúcar, las verduras mixtas congeladas y el agua. Cocine a fuego lento hasta que las verduras estén cocidas, aproximadamente de 15 a 20 minutos. Sal y pimienta para probar. 6 porciones.

TURQUÍA - PAN DE RELLENO

4 cucharaditas margarina
2 unidad manzanas, peladas y cortadas en cubitos
1/2 taza cada zanahoria rallada, cebolla picada, apio, pimiento verde
13 onzas pavo molido
4 rebanadas de pan en cubos
1/2 taza yogur natural bajo en grasa
2 huevos batidos
1/4 cucharadita cada condimento para aves y sal

Precaliente el horno a 375 grados. En una sartén antiadherente, caliente la margarina hasta que esté caliente. Agregue las manzanas y las verduras y saltee, revolviendo constantemente hasta que las manzanas estén blandas. Retire del fuego y agregue los ingredientes restantes. Rocíe un molde para pan de 9 x 5 x 3 pulgadas con Pam, transfiera la mezcla de pavo al molde. Hornee hasta que esté listo, 35-40 minutos. Retirar del horno, dejar reposar 5 minutos. Invierta en un plato para servir. O cocine en el microondas unos 15 minutos. Rinde 4 porciones. Nota nutritiva: Tamaño de la porción + 1/4 de barra. 330 calorías; 33 g. cho; 27 g. Pro; 594 mg. sodio; 201 mg. chol.

VEGETARIAN'S SPECIAL K LOAF

5 cucharada Cereal K especial
5 huevos batidos
1 cucharada nueces picadas
1 unidad cartón de requesón
2 cucharadas. Mezcla de condimento de pollo o sopa de cebolla McKay
1 unidad Cebolla picada
Apio picado, si lo desea

Saltee la cebolla en 1/4 cubo de margarina. Mezcle todos los ingredientes y conviértalos en un molde para pan engrasado. Hornea 45 minutos. Se congela bien. Para servir después de congelar, recalentar en el horno 20 minutos.

BISTEC DE HOMBRE POBRE - Receta Amish

3 libras de hamburguesa
1 cucharada migajas de galleta
Sal pimienta
1/4 taza cebolla picada
1-2 latas de sopa de champiñones

Mezclar bien y presionar sobre una bandeja para hornear. Deje enfriar durante la noche para que se asiente. Cortar en cuadritos, enrollar en harina y dorar por ambos lados. Coloque en una fuente para hornear. Vierta la sopa sobre la mezcla de carne. Hornee a 350 grados durante 1 hora.

CAZUELA DE ATÚN DURANTE LA NOCHE (Microondas)

1 lata de crema de apio
1 cucharada Leche
1 lata (6 1/2 onzas) De atún empacado en agua, escurrido y desmenuzado
1 cucharada macarrones de codo crudos
1 cucharada guisantes congelados
1/2 taza cebolla picada
1 cucharada queso cheddar rallado (reserva 1/4 taza)

Batir la sopa y la leche en un tazón a punto para microondas de 2 cuartos de galón hasta que se mezclen. Agregue los ingredientes restantes excepto 1/4 taza de queso. Cubra y refrigere durante la noche. Cubra con una tapa o una envoltura de plástico ventilada. Cocine en el microondas a temperatura alta de 15 a 17 minutos hasta que burbujee. Espolvorea con 1/4 taza de queso. Deje reposar 5 minutos hasta que el queso se derrita.

ROLLO DE CARNE Y COL

1 libra / 453 gr de hamburguesa, salteada
1 cebolla picada y salteada
1/2 repollo, salteado
Agregue mostaza de Dijon
Sal pimienta

Enrolle 2 cáscaras de Pepperidge Farm (en la sección del congelador de la tienda de comestibles) a 4 x 18 pulgadas. Agregue la mezcla para hamburguesas sobre el rollo. Hornee a 400 grados durante 20 minutos. Hornee a 350 grados durante 20 minutos. Se puede servir con salsa de champiñones o salsa por encima.

ADEREZO COCINADO BAJO EN CALORÍAS

1/3 cucharada leche desnatada en polvo instantánea
1 1/4 cucharadita mostaza seca
1 cucharadita sal
1/8 cucharadita pimienta recién molida
1 cucharada. harina para todo uso
1 medianas huevo
1 cucharada agua
2 cucharadas. vinagre blanco
1 cucharada. margarina
Sustituto de azúcar 6 cucharaditas.

Combine los ingredientes secos en la parte superior del baño maría. Batir un poco el huevo y combinar con agua y vinagre. Agregue a los ingredientes secos lentamente, revolviendo para mezclar bien. Cocine sobre agua hirviendo, revolviendo constantemente hasta que esté espeso y suave. Retírelo del calor; agregue la margarina y el edulcorante, mezcle bien. Vierta en un frasco de 1 pinta, cubra. Conservar en frigorífico. Nota nutricional: hasta 1 y 1/2 cucharadas soperas pueden considerarse gratis en el intercambio diabético. 1 y 1/2 cucharadas = 21 calorías.

ADEREZO DE MARIPOSA

1/3 cucharada yogur bajo en grasa
1/2 taza suero de la leche
3 cucharadas mayonesa baja en calorías
1 cucharada. Mezcla seca para aderezo estilo Ranch
Combine, cubra bien y mantenga 5 días. Rinde 1 taza.
1 porción = 2 cucharadas. 1 porción = 1/2 grasa.

ADEREZO DE ENSALADA BAJA EN CALORÍAS

Mezclar y enfriar: 6 cucharadas. jugo de limón o vinagre 3 cdas. cebolla, finamente picada Una pizca de pimienta Se puede agregar perejil o pimiento verde picado, rábano picante o mostaza si lo desea. 1 cucharada = 3 calorías.

ENSALADA DIETA

1 cucharada jugo de piña
3 cucharadas sustituto de azúcar
1 envases gelatina sin sabor
1 o 2 lata de piña triturada, escurrida
5 cucharadas jugo de limon
1/2 taza nueces picadas
1 paquete (3 onzas / 85 gramos) queso crema
1 cucharada. cáscara de limón rallada
1 cucharada dátiles, picados
Pizca de sal

*Parte 1:*Suaviza la gelatina en 1/2 taza de jugo de piña; disolver sobre agua caliente. Mezclar con el jugo restante, la piña triturada y el sustituto de azúcar. Rocíe un molde de 1 cuarto de galón con Pam, coloque algunas piezas de dátiles en el fondo. Cubra con 1 taza de mezcla de piña. Enfríe hasta que cuaje. Parte 2: Licúa la piel de limón rallada, la sal y el queso crema. Agrega gradualmente la piña restante. Agregue los dátiles y las nueces. Vierta sobre la primera capa en el molde y enfríe hasta que esté firme.

MUFFINS DE SALVADO DE AVENA

2 y 1/4 taza cereal de avena, sin cocer
1/4 taza nueces picadas
1/4 taza Pasas
2 cucharaditas Levadura en polvo
1/2 cucharadita sal
3/4 taza Leche
1/3 cucharada miel
2 huevos batidos
2 cucharadas. aceite vegetal

Precaliente el horno a 425 grados. Rocíe 12 moldes
para muffins de tamaño mediano con Pam o cubra con
tazas de papel para hornear. En un tazón grande
combine el cereal de salvado de avena, las nueces, las
pasas, el polvo de hornear y la sal. Agrega los
ingredientes restantes; mezcle hasta que todos los
ingredientes secos estén humedecidos. Llene los
moldes para muffins preparados casi llenos. Hornee de
15 a 17 minutos o hasta que estén doradas. Sirva
caliente. 12 porciones, 1 porción = 1 muffin. 45 g.
chol; 3 g. Pro; 5 g. gordo; 114 cal; 2,6 g. fibra; 188
mg. sodio; 46 mg. chol.

GRANOLA CASERA

4 cucharada cocción rápida de copos de avena
1/2 taza Cereal de nueces de uva
Azúcar granulado sub. igual a 1/4 cucharada azúcar
1 cucharada cacahuetes picados

1/3 cucharada aceite
1/2 taza germen de trigo
1/2 taza Pasas

Unte la avena en una bandeja para hornear sin engrasar; hornee a 350 grados durante 10 minutos. Combine los ingredientes restantes excepto el germen de trigo y las pasas. Hornee la mezcla en otra bandeja para hornear durante 20 minutos a 350 grados, revolviendo una vez para que se dore uniformemente. Déjelo enfriar en el horno. Mezcle la avena, el germen de trigo y las pasas. Refrigere en frascos o recipientes de plástico. Rendimiento: 6 1/2 tazas. Tamaño de la porción = 1/4 taza. Intercambio / ración para diabéticos: 1 almidón, 1 grasa. 140 cal; 15 g. cho; 5 g. Pro; 7 g. gordo; 57 mg. sodio.

PASTEL SIN AZÚCAR con piña

1 cucharada Pasas
1/2 taza dátiles, picados
1/2 taza piña triturada (envasada en jugo)
1 cucharada agua
1/4 libra de margarina
1 y 1/2 taza harina
1 cucharadita soda
1 cucharadita vainilla
2 huevos
1/2 taza nueces picadas

Hervir las pasas, los dátiles, la piña y el agua durante 3 minutos. Agrega la margarina y deja enfriar. Batir los huevos y la vainilla. Agrega la harina tamizada con soda. Agregue la mezcla de frutas enfriada y las nueces, mezclando bien. Vierta en un molde engrasado y enharinado de 9 x 13 pulgadas. Hornee en horno a 350 grados aproximadamente 25 minutos, o hasta que un palillo en el centro salga limpio. Frio. Puede congelar con 8 onzas / 227 gr de queso crema mezclado con 1/4 taza de miel.

PIE DE MANZANA SIN AZÚCAR

6 cucharada deliciosas manzanas rojas, peladas y en rodajas
1 lata (6 onzas/170 gramos) de jugo de manzana sin azúcar
2 cucharadas. maicena
1/2 cucharadita canela
1/4 cucharadita nuez moscada
Hojaldre para 2 croquetas

Cocine a fuego lento las manzanas en el jugo durante unos 5 minutos. Mezcle la maicena y las especias con una pequeña cantidad de agua. Agregue a las manzanas, hierva hasta que espese. Forre el plato para tarta con su masa favorita. Agrega manzanas. Cubra con la corteza superior, selle los bordes. Hornee a 400 grados hasta que la masa esté dorada. Nota: Los arándanos congelados se pueden sustituir por manzanas. Omita la especia. Se pueden usar duraznos frescos o congelados en lugar de manzanas. Agrega un poco de nuez moscada, pero sin canela.

CORTEZA MAGRA DE PIE

1/2 taza harina
1/4 cucharadita sal
1/4 cucharadita Levadura en polvo
1/4 taza margarina dietética

Mezcle la harina, la sal y el polvo de hornear. Agrega la margarina. Cortar con una batidora de repostería hasta que la mezcla no se pegue al bol. Forma en bola. Deje enfriar durante 1 hora. Enrollar sobre una tabla enharinada. Hornee a 425 grados durante 12 minutos. Hace 1 corteza.

GALLETAS SIN AZÚCAR

1 cucharada Pasas
1 cucharada Agua
¾ cucharada Acortamiento
2 huevos
1 cucharadita Vainilla
1 lata (6 onzas/170 gramos) de jugo de manzana sin azúcar congelado descongelado y diluido para hacer 1 y 1/2 tazas de líquido
3 cucharada Harina
½ cucharadita Levadura en polvo
1 cucharadita soda
1 cucharadita Clavos de olor
2 cucharaditas Canela
pizca de sal
½ taza Nueces picadas
1 cucharada Coco

Cocine a fuego lento las pasas con agua durante 15 minutos. Escurra el jugo y agregue suficiente agua para medir 3/4 de taza. Manteca de nata y huevos. Agregue jugo de manzana sin azúcar de vainilla descongelado y diluido para hacer 1 y 1/2 tazas de líquido. Golpea bien. Tamice la harina, el polvo de hornear, la soda, 1 cucharadita de clavo, la canela y la sal. Agregue a la mezcla de huevo y bata bien. Agregue las pasas y 3/4 taza de líquido de pasas, las nueces picadas y el coco. (También se puede agregar un poco de azúcar gemelo). Coloque cucharadas redondeadas en una bandeja para hornear rociada con Pam. Hornee a 350 grados, durante 10-12 minutos. Estos se congelan bien.

BARRAS DE TEMPORADA: NARANJA

1 cucharada dátiles picados
1/3 cucharada azúcar
1/3 cucharada aceite vegetal
1/2 taza zumo de naranja
1 cucharada harina
1 y 1/2 cucharadita Levadura en polvo
1 huevo
1 cucharada. cáscara de naranja rallada

Combine los dátiles, el azúcar, el aceite y el jugo en
una cacerola y cocine durante 5 minutos para
ablandar los dátiles. Frio. Agregue los ingredientes
restantes y mezcle bien. Extienda en un molde para
hornear aceitado de 8 x 8 pulgadas. Hornee a 350
grados durante 25-30 minutos. Deje enfriar antes de
cortar en 36 barras.

TARTA DE PASTA SIN AZÚCAR

1 cucharada Pasas
1 cucharada ciruelas pasas

1 cucharada dátiles, picados
2 cucharada agua
2 barras de aceite
2 cucharaditas vainilla
2 cucharada harina
1 cucharadita sal
1 cucharadita canela
2 cucharaditas soda
4 huevos
1 cucharada nueces picadas

Hierva las frutas y el agua durante 5 minutos.
Agregue aceite, deje enfriar. Batir 4 huevos. Agrega la
vainilla, la harina tamizada con sal, la soda y la
canela, luego la mezcla de frutas y nueces. Mezclar
bien. Engrase y enharine una sartén de cuerno, vierta
la masa. Hornee a 350 grados hasta que un palillo
quede limpio. Nota: Puede hornearse en varios moldes
de papel de aluminio pequeños, enfriarse y
congelarse.

PLÁTANO CONGELADO

1/2 plátano pelado
2 cucharadas. leche desnatada
1/4 taza Cereal de Grape Nuts, triturado en migajas
Una pizca de canela molida
Una pizca de nuez moscada molida

Inserta un palito de helado profundamente en el extremo cortado del plátano. Sumerja el plátano en leche y enrolle en migas de cereal y especias. Envuelva en plástico y congele. Rinde 1 porción. Calorías = 68. Colesterol = 16 gramos. Proteína = 1 gramo. Grasa = 0 gramos.

ENSALADA ROJA, BLANCA Y AZUL

2 cucharada manzanas peladas
1/2 taza arándanos sin azúcar
1/2 taza fresas, sin azúcar
1/2 taza uvas

Combine todas las frutas en un tazón. Mezcle ligeramente y sirva. Rinde 7 porciones (1/2 taza). Cambios: 1 ración = 1 fruta. Calorías por porción = 37. Carbohidratos = 10 gramos. Proteína = traza. Grasa = 0.

BOLAS DE MANTEQUILLA DE cacahuete

1/3 cucharada mantequilla de cacahuete
1 cucharadita vainilla
2/3 cucharada coco sin azúcar, rallado
1/4 taza nueces picadas
1 cucharadita cascara de limon

1/2 taza Pasas

Mezcle todos los ingredientes. Forme bolas del tamaño de un bocado. Enfríe hasta que esté firme. Rinde 14 bolas. Cambios: 1 bola = 1/2 fruta y 1/2 grasa. Calorías por bola = 88. Carbohidratos = 6 gramos. Proteína = 2 gramos. Grasa = 7 gramos.

PASTEL DE CARNE

1 y 1/2 libra / 680 gr de carne molida magra
1 huevo batido
2 cucharadas. cebollas picadas
1 cucharada pimienta de Jamaica
1 cucharada copos de maíz
1/4 taza agua
1/2 cucharadita sabio
1/2 cucharadita ajo

Mezcle el huevo, el agua y las hojuelas de maíz; déjelo reposar durante 10 minutos. Mezclar con la carne y los ingredientes restantes. Empaque en un molde para pan engrasado. Hornee a 350 grados durante 1 hora. Rinde 9 porciones. Intercambios: 1 ración = 3 carnes magras y 1 grasa. Calorías por porción = 186. Carbohidratos = 2.6 gramos. Grasa = 14,8 gramos. Proteína = 21,4 gramos. Sodio = 45 miligramos. Colesterol = 86 miligramos.

TRATAMIENTO DE PALOMITAS

1 cucharada palomitas de maíz simples (sin sal, preferiblemente al aire)
1 cucharada galletas de trigo ralladas del tamaño de un bocado
2 cucharadas. Pasas
1 cucharada. semillas de girasol tostadas secas
1/2 cucharadita canela molida

Mezcle los primeros 4 ingredientes. Espolvoree canela sobre la mezcla y revuelva ligeramente. (Puede prepararse en grandes cantidades y almacenarse en un recipiente hermético a temperatura ambiente). Rinde 2 tazas (2 porciones). Calorías = 150 por porción de 1 taza. Intercambios de alimentos: 1 taza de ración = 1 y 1/2 pan, 1/2 fruta y 1/2 grasa. Colesterol = 27 gramos. Proteína = 3 gramos. Grasa = 3 gramos.

PLÁTANO CON PASAS ENSALADA

2 cucharada repollo rallado
1/2 medianas plátano, picado
4 cucharadas Pasas
1 cucharada. mayonesa
1/4 cucharadita edulcorante líquido o 1 paquete. Igual

Mezclar bien y enfriar. Rinde 5 porciones. Cambios: 1 ración = 1 verdura, 1 fruta y 1/2 grasa. Calorías = 60 por ración.

AVENA - GALLETAS DE FRUTAS

1 cucharada harina
1 cucharadita bicarbonato de sodio
1/2 cucharadita canela
1 cucharada agua
1/2 taza Pasas
1/2 taza dátiles picados y sin hueso
1/2 taza manzana picada y pelada
1/2 taza aceite o mantequilla
2 huevos batidos
1 cucharadita vainilla
3/4 taza nueces picadas

Tamizar o mezclar la harina, el bicarbonato de sodio y la canela; dejar de lado. En una cacerola de 2 cuartos a fuego medio-alto, hierva el agua, los dátiles, la manzana y las pasas. Reduzca el fuego a bajo; cocine a fuego lento 3 minutos. Retírelo del calor. Agregue aceite; revuelva hasta que se derrita. Vierta en un tazón grande; enfriar un poco. Agrega los huevos batidos y la vainilla. Agregue los ingredientes secos, la avena y las nueces. Cubra y refrigere durante la noche. Deje caer cucharaditas colmadas, a 2 pulgadas de distancia, en una bandeja para hornear engrasada. Hornee en horno a 350 grados durante 12 a 14 minutos. Retirar de la bandeja para hornear. Dejar enfriar en rejillas. Almacenar en el refrigerador en un recipiente hermético. Rinde alrededor de 40 galletas.

PUDÍN DE CALABAZA A DIETA

1 lata (16 onzas/170 gramos) de calabaza
2 cucharada leche desnatada
2 huevos
1 cucharadita canela o más
Una pizca de sal (1/8 cucharadita)
1 cucharadita vainilla
4 a 5 paquetes Igual al gusto

Licue todos los ingredientes. Vierta en una cazuela. Hornee a 425 grados durante 15 minutos, luego baje el fuego a 350 grados y hornee otros 40 a 45 minutos.

PATATAS CON BRÓCOLI Y QUESO

2 patatas asadas
2 cucharaditas margarina
2 cucharaditas maicena
1/2 taza leche desnatada
1/8 cucharadita mostaza seca
4 onzas / 115 gramos. queso cheddar rallado
2 cucharada El brócoli cocinado

Hornee las papas hasta que estén listas. Cocine el
brócoli en agua con sal hasta que esté tierno. Derrita
la margarina en una cacerola. Agrega la maicena, la
leche y la mostaza seca; cocine hasta que espese.
Luego agregue el queso hasta que se derrita. Agrega
el brócoli. Divida las papas y cubra con la mezcla de
brócoli. 4 porciones. Cambios: 1 ración = 1 verdura, 1
carne con alto contenido graso, 1 1/4 de pan y 1/2 de
grasa. Calorías = 241 por ración. Grasa = 11,5
gramos. Proteína = 12,5 gramos. Carbohidrato = 24
gramos.

PAN DE PLÁTANO SIN AZÚCAR

1 y 3/4 taza harina de pastel tamizada
2 cucharaditas Levadura en polvo
1/4 cucharadita bicarbonato de sodio
1/2 cucharadita sal
1/4 taza margarina derretida
2 huevos batidos
Edulcorante líquido equivalente a 1/2 taza. azúcar
1 cucharadita vainilla
2 medianas plátanos de tamaño, triturados

Tamice la harina, el polvo de hornear, el bicarbonato de sodio y la sal. Agregue los ingredientes restantes excepto los plátanos. Revuelva solo hasta que la mezcla de harina se humedezca. Doblar en puré de plátanos. Vierta en un molde para pan engrasado de 8 x 4 pulgadas. Hornee a 350 grados hasta que la parte superior salte hacia atrás cuando se toque, aproximadamente una hora. Rinde 14 rodajas.
Cambios: 1 pan y 1/2 grasa. Calorías = 109.
Carbohidratos = 15 gramos. Grasa = 4 gramos.
Proteína = 2/5 gramos. Colesterol = 39 miligramos.

BATIDO DE FRESA

1/2 taza leche desnatada
1/2 taza yogur natural bajo en grasa
1/2 taza fresas enteras congeladas sin azúcar
1/2 cucharadita extracto de vainilla
1 paquete edulcorante artificial (igual)

Pon todos los ingredientes en una licuadora o
procesador de alimentos. Licue hasta que quede suave
y sirva. Rinde 1 porción (1 y 1/2 taza). Calorías =
106. Intercambios: 2/3 fruta, 1 leche y 1/2 grasa.
Colesterol = 19 gramos. Proteína = 8 gramos. Grasa
= 2,5 gramos.

TOSTADAS DE CANELA

1 rebanada de pan de trigo integral con alto contenido
de fibra o proteínas
1 cucharadita margarina dietética
Canela molida
1 paquete edulcorante artificial (igual)

Tostar el pan. Unte la margarina y espolvoree la
canela y el edulcorante. Rinde 1 porción. Calorías =
115. Intercambios: 1 pan y 1 grasa. Colesterol = 15
gramos. Proteína = 2 gramos. Grasa = 5 gramos.

BROCOLI A LA CASEROLA

1/2 taza El brócoli cocinado

1/4 taza ARROZ cocido
1/4 taza crema de champiñones (preparada con leche desnatada)
1 onza / 28 gramos . Cheez Whiz
2 onzas. / 56 gramos . Carne al gusto dorada
Una pizca de cebolla en polvo

Mezcle todos los ingredientes en una cazuela de vidrio pequeña. Cubra con papel encerado. Hornee en el horno microondas durante 4 minutos a máxima potencia. O, hornee en un horno a 350 grados durante 25 a 30 minutos. La receta se puede aumentar fácilmente a cuatro porciones para una familia. Rinde 1 porción. Intercambios: 1 verdura, 1 pan, 1 grasa y 3 carnes magras. Calorías = 310.

MEZCLA DE SALSA DE CAZUELA

2 cucharada leche en polvo sin grasa
3/4 taza maicena
1/4 taza caldo de pollo instantáneo
2 cucharadas. cebolla picada seca
1/2 cucharadita pimienta

Combine los ingredientes y guárdelos en un recipiente hermético. Para usar como sustituto de UNA lata de sopa condensada, mezcle 1/3 taza de la mezcla seca con 1 1/4 taza de agua FRÍA en una cacerola. Cocine y revuelva hasta que espese. Agregue 1 cucharada de margarina, si lo desea. Esto agregará 11,5 gramos de grasa. Por menos calorías, sodio y grasa; Sustituye la crema de pollo, apio o sopas de champiñones en tus recetas. El 1/3 de taza con 1 1/4 de taza de agua es igual a 1 lata de sopa, y hay 95 calorías, 0.2 gramos de grasa y 710 miligramos de sodio. La sopa enlatada Campbells tiene 330 calorías, 23,8 gramos de grasa y 2370 miligramos de sodio.

MANZANAS AL HORNO

6 u 8 manzanas
1 lata de refresco dietético de fresa
Pasas, si lo desea

Quite el corazón de las manzanas y colóquelas en una fuente para hornear Pyrex. Rellene la cavidad con pasas, si lo desea. Vierta una lata de refresco dietético sobre las manzanas. Hornee en horno moderado (350 a 375 grados) hasta que las manzanas estén tiernas.

CONFETTI DE VERDURAS

1 unidad calabacín, rallado
1 unidad calabaza amarilla, rallada
2 zanahorias, ralladas
1 unidad cebolla, en rodajas finas
2 cucharadas. agua
2 cucharaditas margarina

Combine el calabacín, la calabaza amarilla, las zanahorias, la cebolla y el agua en una sartén. Tape y cocine a fuego medio durante 4-5 minutos o hasta que las verduras estén tiernas. Agrega la margarina. Saltee, sin tapar, hasta que toda la humedad se haya evaporado. Servir inmediatamente. Rinde 2 porciones. Intercambios: 2 vegetales y 1 grasa; calorías: 94; carbohidratos: 14 g; proteína: 3 g; grasa: 4 g; sodio: 83 mg.

PATATAS DULCES A LA NARANJA

2 libras (900 gramos) de batatas, cocidas o 2 libras (900 gramos) de batatas envasadas al vacío
2 cucharadas. margarina, derretida
1/2 cucharadita canela molida
16 mitades de albaricoque seco
Rodajas de naranja fresca

Coloca las batatas en una fuente para hornear poco profunda. Combina la margarina y la canela. Vierta sobre las patatas. Coloca las mitades de albaricoque encima. Cubra el plato y hornee a 425 grados durante unos 15 minutos. Agregue rodajas de naranja y sirva. 4 porciones. Cambios: 1 pan, 1 fruta, 1 grasa; calorías: 185; carbohidratos: 23 g; proteína: 3 g; grasa: 7 g; sodio: 79 mg.

CHILE DE ESTILO PAÍS

1 libra / 453 gr de carne molida
3/4 taza cebolla picada
1 lata (16 onzas/170 gramos) De frijoles rojos
1 puntos. tomates enlatados (2 cucharada)
1 lata (8 onzas / 227 gr) de salsa de tomate
1 lata (4 onzas / 115 gramos) De champiñones, tallos y tronzasos
1 y 1/2 taza vegetales mixtos congelados
1 cucharadita chile en polvo
1 cucharadita sal
1/4 cucharadita pimenton
1 1/4 taza pimienta de cayena

Dore la carne molida con grasa; drenar. Agregue frijoles, tomates enlatados, salsa de tomate, sal, chile en polvo, pimentón y pimienta de cayena. Cocine a fuego lento 1/2 hora. Mientras hierve a fuego lento, cocine las verduras mixtas congeladas de acuerdo con las instrucciones. Agregue los champiñones y las verduras cocidas al chile y cocine a fuego lento durante 1/2 hora más. 6 porciones. Intercambios: 1 fécula, 1 pan, 2 carnes magras y 2 verduras; calorías: 246; carbohidratos: 24 g; proteína 23 g; grasa 7 g.

ROLLO DE PASA Y PASA DE VACACIONES

1 cucharada. levadura de rápido crecimiento
3 1/2 a 4 tazas harina
1/4 taza edulcorante igual al azúcar blanco
1/4 taza margarina suave y ligera o 1/4 cucharada aceite de cártamo
1/2 cucharadita sal
1/2 cucharadita extracto puro de limón o 1 cucharadita. cáscara de limón rallada
1 1/4 taza agua tibia
1/2 taza Huevos para batir o 2 huevos bien batidos
Pam (revestimiento de pan) u otro aerosol antiadherente

Combine la harina, la levadura, la sal y el sustituto de azúcar blanco en un tazón. En otro bol, bata la margarina, el agua, el extracto de limón y los Egg Beaters. Combine el contenido de ambos tazones y mezcle hasta que la masa esté suave. Coloque la masa en otro bol (rocíe con Pam). Cubra y deje reposar de 15 a 20 minutos.

Golpea y deja que la masa suba durante 15-20 minutos más. Mientras la masa se eleva: 1/2 cucharada pasas 1/2 cdta. extracto puro de limón edulcorante moreno al gusto 1/4 cucharada leche descremada evaporada Cocine las pasas y las ciruelas pasas en un poco de agua hasta que estén tiernas.

Coloque en la licuadora y mezcle o triture con un machacador de papas. Agregue el azúcar moreno Twin y el extracto de limón. Para preparar el rollo para cocinar: Extienda la masa formando un rectángulo. Espolvorear con relleno y enrollar, sellando los bordes con un poco de agua.

Coloque el rollo en una bandeja para hornear, ligeramente rociado con Pam. Forme el rollo en círculo o en herradura. Unte la parte superior del rollo con leche desnatada evaporada. Corte la parte superior del rollo con unas tijeras afiladas hasta que se vea algo del relleno. Hornee a 400 grados durante 20-30 minutos o hasta que se dore. 35 porciones. Cambios: 1 almidón / pan, 1/2 fruta; calorías: 109; carbohidratos: 21 g; proteína: 2 1/2 g; grasa: 2 g.

ESTOFADO DE CARNE

1 libra / 453 gr de carne de res magra, en cubos
2 cucharadas. Salsa inglesa
1/2 cucharadita sal
1/4 cucharadita orégano
1/8 cucharadita pimienta de Jamaica
1 cubo de caldo de res
2 cucharada agua hirviendo
1 cucharada tomates enlatados
4 medianas patatas, en cubos
3 medianas zanahorias rebanadas
3 unidad cebollas, en cuartos
1 paquete (10 onzas) guisantes congelados

Marina la carne de res en salsa Worcestershire durante varias horas. Dore los cubos de carne en una sartén antiadherente. Agregue sal, orégano y pimienta de Jamaica. Disuelva el cubo de caldo en agua hirviendo; vierta sobre la carne. Agregue los tomates y cocine a fuego lento durante 1 y 1/2 a 2 horas o hasta que la carne esté tierna. Agregue las papas, las zanahorias y las cebollas, continúe cocinando durante 30 minutos. Agregue los guisantes; cocine 15 minutos más o hasta que la carne y las verduras estén tiernas. 6 porciones. Cantidad 1 taza. Cambios: 1 pan, 2 carnes semidesnatadas, 1 verdura.

ESPAGUETI ITALIANO

1/2 cm. Cebolla picada
1/2 libra / 226 gr de carne molida magra
1/3 cucharada pasta de tomate
2/3 cucharada agua
2 1/4 cucharaditas condimento italiano
1/2 cucharadita cebolla en polvo
1/4 cucharadita polvo de ajo
1/4 cucharadita orégano
1/8 cucharadita pimienta
1 unidad hoja de laurel
1/2 taza tomates, frescos o enlatados
2 cucharada espaguetis cocidos, escurridos

Combine la cebolla y la carne molida. Coloque en una sartén antiadherente y dore, escurriendo la grasa a medida que se acumula. Agregue pasta de tomate, agua, especias, hierbas y tomates. Cocine a fuego lento durante 1 o más horas, agregando más agua si es necesario. Sirva 1/2 taza de salsa sobre 1/2 taza de espaguetis cocidos. 4 porciones. Intercambio: 1 pan, 1 verdura, 1 carne mediana en grasa.

GAMBAS AL AJILLO

1/2 taza sustituto de mantequilla seca reconstituido
1/2 cucharadita sal
1/2 cucharadita polvo de ajo
1/2 cucharadita perejil
1/4 cucharadita orégano
1/4 cucharadita albahaca
1/8 cucharadita pimienta de cayena
1 y 1/2 taza caldo de pollo sin grasa

1 y 1/2 cucharada jugo de limon
2 cucharada camarones cocidos, pelados y
desvenados
1 cucharada. maicena

Combine todos los ingredientes excepto los
camarones y la maicena. Deje hervir y agregue los
camarones. Agregue la maicena para espesar. NOTA:
Sirva sobre ARROZ o fideos (cuenta como intercambio
de pan). 10 porciones. Cantidad 2 onzas. / 56
gramos . Intercambio: 2 carnes bajas en grasa, 1
verdura.

ENSALADA DE ATÚN

1 lata (6 1/2 onzas) De atún empacado en agua
2 huevos duros, picados
1/4 taza apio picado
2 cucharadas. mayonesa baja en calorías
Hojas de lechuga; Opcional

Combine todos los ingredientes excepto las hojas de
lechuga. Refrigere hasta que se sirva. Sirva sobre
hojas de lechuga, si lo desea. 4 porciones. Cantidad
1/2 taza. Intercambio: 2 carnes bajas en grasa.

HUEVOS RELLENOS

4 huevos duros cocidos
1/2 cucharadita mostaza seca
1/4 cucharadita sal
Una pizca de cebolla en polvo
Pizca de pimienta
2 cucharaditas mayonesa baja en calorías
1 cucharadita vinagre
Pimenton

Reducir a la mitad los huevos; quitar las yemas y
triturar. Agregue otros ingredientes, excepto el
pimentón, a las yemas trituradas; Golpea bien. Vuelva
a llenar las claras de huevo con la mezcla de yemas.
Espolvorea con pimentón. Refrigere hasta que se
sirva. Rinde 4 porciones. Cantidad 2 mitades de
huevo. Intercambio: 1 carne mediana en grasa.

MACARRONES CON QUESO

1 y 1/2 taza leche desnatada
1 y 1/2 cucharada harina para todo uso
1 y 1/2 cucharada reducir las calorías de la margarina
1/2 cucharadita sal
3/4 taza queso americano rallado bajo en grasa
2 cucharada macarrones, cocidos y escurridos
1/4 taza migas de pan

Combine la leche, la harina, la margarina y la sal para hacer una salsa blanca. Regrese la salsa a fuego lento. Agregue el queso rallado, revolviendo constantemente. Cocine hasta que el queso se derrita y la salsa hierva. Retírelo del calor. Capas alternas de salsa de macarrones con queso en una fuente para hornear antiadherente; cubrir con pan rallado. Hornee a 375 grados hasta que la mezcla burbujee y las migas se doren. 6 porciones. Cantidad 1/2 taza. Intercambio: 1 pan, 1 carne mediana en grasa.

PASTEL DE MANZANA DE MASA GRUESA

Sustituto de azúcar para igualar 1/3 cucharada azúcar
1 cucharada. maicena
1/2 cucharadita cáscara de limón rallada
2 1/2 cucharaditas jugo de limon
1/4 cucharadita nuez moscada
1/2 cucharadita canela
4 unidad manzanas, en rodajas
1 cucharada harina para todo uso, tamizada
1 cucharadita sal
1/4 taza margarina baja en calorías
3 cucharadas agua fría

Combine el sustituto del azúcar, la maicena, la cáscara de limón, el jugo de limón, la nuez moscada, la canela y las rodajas de manzana. Colócalas en un molde para pastel de 9 pulgadas de profundidad sobre una fuente para hornear; dejar de lado. Combine la harina y la sal; cortar la margarina hasta que la mezcla se parezca a la harina de maíz. Mezcle con agua con un tenedor hasta que se humedezcan todos los ingredientes secos. Forma una bola con la masa. Extienda la masa sobre una superficie enharinada y colóquela encima del relleno de manzana. Hornee a 425 grados durante 35 minutos o hasta que se dore. Cortar en 8 rebanadas iguales y servir. Rinde 8 porciones. Cantidad 1/8 de tarta. Intercambio: 1 y 1/2 pan, 1/2 grasa.

GALLETAS DE AVENA

1 y 1/2 taza harina para todo uso
1 y 1/2 taza reg. avena, sin cocer
Sustituto de azúcar para igualar 1/2 cucharada azúcar
1/2 cucharadita bicarbonato de sodio
1/4 cucharadita sal
3/4 taza margarina reducida en calorías, ablandada
3 cucharadas agua fría

Combine todos los ingredientes excepto la margarina y el agua. Corta la margarina en una mezcla seca con una batidora de repostería o un cuchillo; licuar hasta que la mezcla se asemeje a una harina gruesa. Rocíe agua fría sobre la superficie; revuelva con un tenedor hasta que se humedezca. Enrolle la masa hasta que tenga un grosor de 1/4 de pulgada sobre papel encerado. Cortar en 24 redondos o cuadrados. Coloque las galletas en una bandeja para hornear antiadherente. Hornee a 350 grados durante 15 minutos. Rinde 24 galletas. Cantidad 1 galleta. Intercambio: 1 pan.

AVENA DE MANZANA Y CANELA

1 y 1/2 taza agua
1/4 cucharadita sal
2/3 cucharada avena de cocción rápida
1 medianas manzana, pelada y rallada
1 cucharadita canela
2 cucharadas. Pasas
Sustituto de azúcar al gusto

Ponga a hervir el agua y la sal en una cacerola. Agregue la avena, la manzana, la canela y las pasas. Reduzca el fuego y cocine 1 minuto hasta que se absorba el agua. Sirva caliente con sustituto de azúcar. Rinde 3 porciones. Cantidad 1/2 taza. Intercambio: 1 pan y 1 fruta.

PUDÍN DE BAYAS

3 cucharada bayas frescas o congeladas sin azúcar
3 cucharadas maicena
1/8 cucharadita sal
1/8 cucharadita canela
1 cucharada agua
1/2 cucharadita extracto de vainilla o almendra
Sustituto de azúcar para igualar 1 cucharada azúcar

Combine 1 taza de bayas, maicena, sal, canela y agua en una cacerola. Cocine a fuego medio hasta que la mezcla espese, revolviendo constantemente. Agregue el extracto de vainilla o almendra, las 2 tazas restantes de bayas y el sustituto de azúcar; mezclar bien. Dejar enfriar y servir. 6 porciones. Cantidad 1/2 taza. Intercambio: 1 fruta.

GALLETAS

1 paquete levadura seca
2 cucharadas. agua tibia (105-115 grados)
2 cucharada suero de la leche
5 cucharada harina para todo uso
Sustituto de azúcar para igualar 1/4 cucharada azúcar

1 cucharada. Levadura en polvo
1 cucharadita soda
1 cucharadita sal
1 cucharada acortamiento

Combine la levadura y el agua; déjelo reposar 5 minutos o hasta que burbujee. Agregue suero de leche a la mezcla de levadura y reserve. Combine los ingredientes secos en un tazón grande; Cortar la manteca hasta que la mezcla parezca migas gruesas. Agregue la mezcla de suero de leche a la mezcla seca, revolviendo con un tenedor hasta que los ingredientes secos se humedezcan. Coloque la masa sobre una superficie enharinada y amase ligeramente unas 3-4 veces. Enrolle la masa hasta que tenga un grosor de 1/2 pulgada; corte en 36 rondas con un cortador de 2 pulgadas y colóquelas en bandejas antiadherentes para hornear. Hornee a 400 grados durante 10-12 minutos. Rinde 36 galletas. Sirviendo 1 galleta. Intercambio: 1 pan y 1 grasa.

ADEREZO DE PAN DE MAÍZ

3 cucharada pan de maíz desmenuzado
1 cucharada migas de pan
2 cucharada caldo de pollo sin grasa
1 cucharada apio, finamente picado
3/4 taza cebolla finamente picada
2 claras de huevo
1/2 cucharadita sal
1/2 cucharadita pimienta

1/2 cucharadita Condimento para aves

Combine todos los ingredientes en un tazón para mezclar; mezclar bien. Conviértalo en un plato antiadherente. hornee a 350 grados durante 45 minutos o hasta que se dore y "cuaje". 8 porciones. Cada porción 3/4 taza. Intercambio: 1 pan y 1/2 grasa.

SOPA CREMA DE PATATA

4 medianas patatas, peladas y cortadas en octavos
1 unidad cebolla, cortada en octavos
4 cebollas verdes, picadas en tronzasos grandes
1 diente de ajo picado
2 latas (10 1/2 onzas) De caldo de pollo sin sal agregada, sin diluir
1 cucharada leche desnatada
1/2 cucharadita sal
1/2 cucharadita pimienta blanca
1/8 cucharadita nuez moscada

Combine las papas, la cebolla, las cebolletas, el ajo y el caldo en una cacerola pesada de 3 cuartos de galón. Tape y cocine a fuego lento durante 20 minutos o hasta que las papas estén tiernas. Procese la mezcla de papa en tandas en un recipiente de una licuadora eléctrica o procesador de alimentos hasta que quede suave. Combine la mezcla de puré con la leche y los ingredientes restantes, revolviendo hasta que esté bien mezclado. Vuelva a calentar la sopa a la temperatura de servicio o cubra y refrigere hasta que se enfríe. Cantidad 3/4 taza. Intercambio: 1 almidón, 85 calorías.

Made in United States
Orlando, FL
05 March 2025

59179565R00221